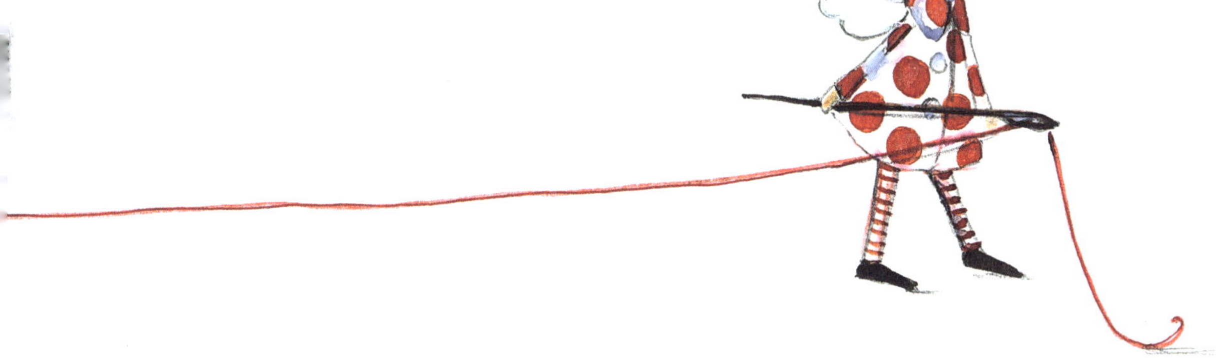

Antonie Schneider · Silke Leffler

Das große Weihnachts-Wunderbuch

gewidmet
Clara Felicitas & Leonard August
und allen Kindern dieser Zeit

Antonie Schneider · Silke Leffler

Das große Weihnachts-Wunderbuch

Mit Geschichten und Gedichten,
Liedern und Rezepten, Kreativideen
und vielem mehr

Unter Mitarbeit von
Viktoria, Ferdinand und Leonhardt

dtv

Wir danken
Felicitas Hoppe
Christoph Kobelt
Melinda Havasi-Kiss

MIX
Papier aus verantwortungsvollen Quellen
FSC® C043106

2. Auflage 2022

Umschlag und Innengestaltung: Silke Leffler
Litho: Regg Media GmbH, München
Satz: Satz für Satz, Anja Grad
Druck und Bindung: Grafisches Centrum Cuno, Calbe
Printed in Germany · ISBN 978-3-423-64084-8

1 2 3 4 5 6 7 8
9 10 11 12 13 14 15
16 17 18
19 20 21 22
23 24 25 26
28 27 29 30
31 1 2 3
4 5 6

ADVENT IST

1

anfangen
aufbrechen
staunen
teilen
singen
überraschen
hoffen
erwarten
einfach tun
gedulden
zuhören
Zeit haben
still sein
wachsen lassen
lächeln
finden

warten

wachen

leuchten

WUSSTEST DU,

dass der

Adventskranz

noch gar nicht so alt ist,
aber dafür der Brauch, in der kalten Winterzeit Haus und Hof mit grünen Zweigen (Mistel, Eibe, Ilex, Tanne) zu schmücken. Sie sollen Gefahren abhalten und Fruchtbarkeit bringen.

Dass am 1. Advent des Jahres 1839 Pfarrer Johann Hinrich Wichern in seinem Waisenhaus einen wagengroßen Holzleuchter aufhing. An den Adventssonntagen entzündete er ein großes Licht und kleine Lichter an den übrigen Tagen.

Warum ist der Adventskranz rund?
Er zeigt, dass Gott keinen Anfang und kein Ende hat.

Warum werden die Kerzen entzündet?
Sie verkürzen die Zeit des Wartens.
Sie zeigen auf das Licht in der Dunkelheit, das durch die Geburt Jesu in die Welt kommt.

1
2
3
4

OSCARS WEIHNACHTSTRAUM

2

Oscar lag allein in seinem Bett. Er dachte über einen Hubschrauberlandeplatz neben seiner Ritterburg nach, warum es auf dem Mond keine Bäume gibt, und er dachte an Weihnachten.

Was wohl dieses Jahr unter dem Weihnachtsbaum liegt?

»Diggibi, wann ist endlich Weihnachten?«, fragte Oscar.

Diggibi war Oscars kleiner Hase.

»Diggibi ist weg, schon seit gestern!«, brummte der Eisbär, der oben auf dem Bücherregal saß.

»Weißt du, wann Weihnachten ist?«, fragte Oscar den Eisbär.

»Morgen nicht!«, sagte der Eisbär. »Schau doch auf den Adventskalender neben deinem Bett!«

»Ich kann doch nicht zählen!«, seufzte Oscar.

Er betrachtete lange den Adventskalender. Ein paar Türen standen bereits offen.

»Und wenn ich einfach das 24.Türchen aufmache? Ist dann Weihnachten?«, flüsterte Oscar.

Und während Oscar noch immer hin und her überlegte, schlief er ein. Ganz sachte öffnete sich Tür um Tür am Adventskalender. Es fielen Trommeln, Spielautos, eine elektrische Eisenbahn, Affen, Löwen, Lebkuchen, Nüsse und Puzzles heraus.

Oscar staunte. »Ich will noch mehr!«, schrie er im Traum.

Einer der Affen schwang sich aufs Fensterbrett.

Die Spielautos hupten und rasten über Oscars Bett.

»Vorsicht, die Ritterburg!«, rief der Eisbär.

Mit lautem Krach stürzte Oscars Burg ein.

Ein riesiger Löwe sprang brüllend auf Oscars Bett.

Oscar wollte schreien vor Schreck.

Doch was war das?

Oscar hörte leise Musik, die immer näher kam. Sie wurde lauter, und mit einem Mal verstummte der Lärm.

Aus der sechsten Tür trat der Nikolaus mit einem großen Sack.

»Die vielen Sachen machen mir Angst! Nimm alles mit!«, rief Oscar.

10
4
3
9
5
1
19

Der Nikolaus öffnete seinen Sack. Er winkte, und das Spielzeug verschwand darin. Dann ging er auf das 24.Türchen zu und klopfte an.
Es tat sich auf, und ein heller Schein fiel auf Oscar.
»Wohin gehst du?«, fragte Oscar.
»Zum Stall in Bethlehem!«, antwortete der Nikolaus.
»Nimm mich mit!«, bat Oscar. Der Nikolaus nickte.
»Ich will auch mit!«, brummte der Eisbär.
»Aber wir sind viel zu groß!«, überlegte Oscar.
»Und wenn wir uns klein machen?«, fragte der Eisbär.
»Versuchen wir's!«, flüsterte Oscar.

Als Oscar und der Eisbär auf das Weihnachtstor zuliefen, wurden sie kleiner und kleiner.
»Wir passen hinein!«, rief Oscar glücklich.
Wie erstaunt war Oscar nun. Es war Nacht.
Mitten auf dem Feld über einem armseligen Stall erstrahlte ein Stern.
»Das muss der Stall von Bethlehem sein!«, sagte Oscar. »Sieh nur, sogar Schafe, Hirten und Könige laufen dorthin!«
Doch plötzlich erschrak Oscar. Denn auf dem Weg erschien ihm ein Engel, der rief: »Fürchtet euch nicht! Eine große Freude ist geschehen. Heute ist in der Stadt Bethlehem Gottes Sohn geboren, der die ganze Welt erlösen wird. Geht hin, und ihr werdet das Kind in Windeln gewickelt in einer Krippe finden!«
Neugierig rannte Oscar voraus.
Als Oscar in dem Stall angekommen war, war es hell, ganz hell und warm. Alle Tiere, die Hirten, die Könige, Männer, Frauen und Kinder hatten sich an der Krippe versammelt. Da lag das Kind. Es lachte, und in seinem Arm lag Diggibi. Es streckte den Hasen Oscar entgegen.
»Diggibi!«, rief Oscar. »Was machst du denn hier?«
»Ich bin schon mal vorausgelaufen! Ich wollte als Erster an der Krippe sein«, sagte Diggibi.
Oscar nahm Diggibi in den Arm und drückte ihn fest.

Sie liefen zurück über das Feld.
Die Nacht war nicht mehr dunkel und kalt.
Da schloss sich das Weihnachtstor hinter ihnen.
Oscar lag in seinem Bett. In seinem Arm lag Diggibi.
Durch einen Spalt fiel ein heller Schein auf Oscar.
Oscar blinzelte ein wenig. War alles nur ein Traum,
ein Weihnachtstraum für Oscar?

LEBKUCHEN(HAUS) BACKEN

LEBKUCHENKEKSE MIT HONIG

Du brauchst:

1 Hauswandschablone aus Backpapier
1 Bodenschablone

Zutaten:

100 g Butter
2 Eier
500 g Mehl
100 g Puderzucker
200 g Honig
2 TL Lebkuchengewürz

Zum Verzieren:

Weiße Zuckerschrift

Zubereitung:

Butter in einem Topf schmelzen, Honig einrühren. Aufkochen und von der Hitze nehmen. 10 Minuten abkühlen lassen. Die Eier mit dem Zucker verrühren und die geschmolzene Butter mit dem Honig dazugeben. Mehl und Lebkuchengewürz sieben und unter die Buttermischung rühren. Den Teig kneten, in eine Frischhaltefolie wickeln und mindestens 30 Minuten im Kühlschrank ruhen lassen. Den Teig 3–5 mm dick ausrollen, die Formen für die Wände schneiden und sie auf das mit Backpapier ausgelegte Backblech legen. Im vorgeheizten Backofen bei 180° C goldbraun backen.

Die erkalteten Wände mit Zuckerschrift verzieren. Die Hauswände mit Zuckerschrift auf den Bodenplatten befestigen. Häuschen ca. 1 Stunde trocknen lassen.

Für die Zuckerschrift/den Zuckerguss 125 g gesiebten Puderzucker mit 1 TL Wasser verrühren und in einen Spritzbeutel füllen, damit man die Verzierung gut aufbringen kann. Für rosa Zuckerguss anstelle von Wasser Himbeer- oder Kirschsaft verwenden.

DER ERSTE SCHNEE

3

Kommt der erste Schnee
Fällt auf Dach und See
Legt sich hinterm Gartenzaun
In den hohen Apfelbaum
Auf die Ohren, auf die Mütze
Und auf deine Nasenspitze

Lässt sich weiß auf Wegen nieder
Schnell auf deine Augenlider
Und hinein in deinen Mund
Schnee zu essen, ist gesund!

Heb ihn auf und mach ihn rund:
Rolle rasch und auf die Schnelle
Kleine weiße Flockenbälle
Wirf sie aus der weißen Welt
Hoch hinauf ins Sternenzelt!

Kommt der Schnee, dann kommt er leise
Nimmt dich mit auf Winterreise
Schneit dich ein von Kopf bis Fuß
Süßer weißer Wintergruß

Festlich sanft und still und leicht
Hast du bald dein Ziel erreicht
In der Ferne strahlt ein Licht –
Fertig ist das Schneegedicht!

Felicitas Hoppe

Scherenschnitt-Schneeflocken
selber schneiden …

… an die Fensterscheibe kleben
und in den Sternenflockenhimmel
schauen … so einfach geht's …

Du brauchst:

- quadratisch geschnittenes Papier
- eine Schere

quadratisches Papier
nehmen

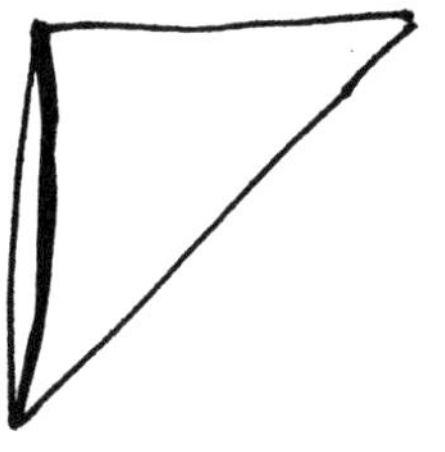

Papier
zum Dreieck falten

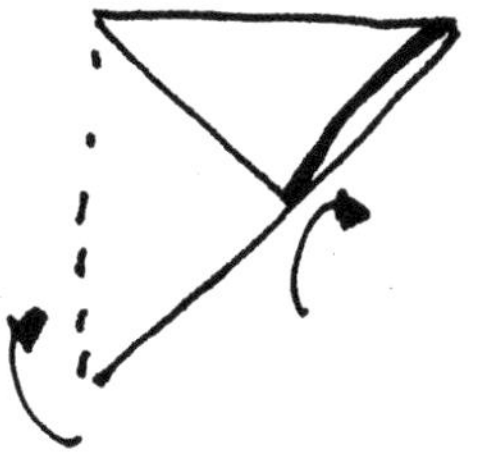

noch mal zum
Dreieck falten

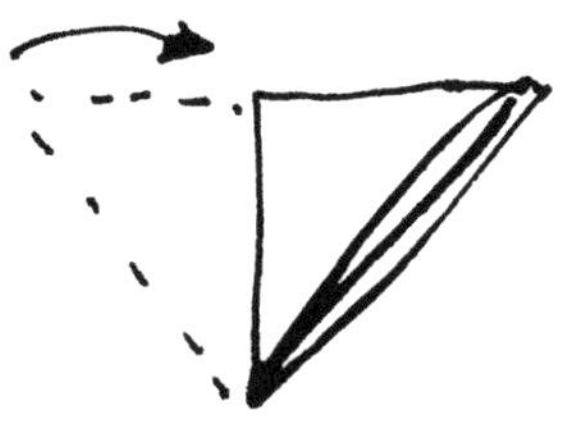

ein weiteres Mal
falten

mit der Schere vorsichtig
beliebige Muster in
die Kanten einschneiden

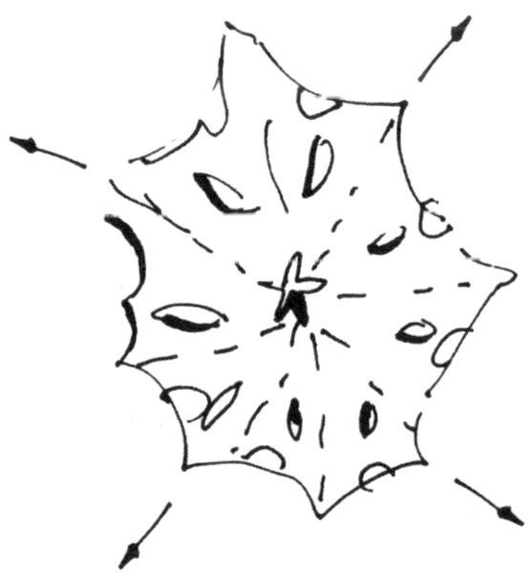

nach dem Schneiden alles
vorsichtig auseinanderfalten …

… fertig ist
die Schneeflocke!

4

AN BARBARA

An Barbara
ist der Winter schon da.

Lauf
zu dem Kirschbaum im Schnee.

Brich einen Zweig und stell ihn ans Fenster.

Bald blüht er
in der Heiligen Nacht.

LEGENDE DER HEILIGEN BARBARA

Genaues wissen wir nicht über die heilige Barbara. Aber es wird erzählt, dass sie um das Jahr 300 in der Nähe des heutigen Istanbul gelebt haben soll. Sie war die Tochter eines reichen Mannes, schön und klug. Wenn ihr Vater auf Reisen ging, sperrte er sie in einen Turm. Heimlich ließ sie sich taufen und nahm den Glauben an Christus an. Als ihr Vater das erfuhr, lieferte er sie dem Gericht aus. In der Nacht vor ihrem Tod soll Barbara einen Kirschzweig, der sich in ihrem Kleid verfangen hatte, in einen Krug mit Wasser gestellt haben. Dieser begann sogleich zu blühen.

Der Namenstag Barbaras ist der 4. Dezember.
Sie wird bei Unwetter und Feuergefahr um Hilfe angerufen und ist die Schutzpatronin der Bergleute, Architekten und Gefangenen.

Bräuche: Kirschzweige oder Apfelzweige werden am Barbaratag abgeschnitten und in einen Krug ans Fenster gestellt, sie blühen an Heiligabend.

ANHÄNGER SELBST GESTALTEN

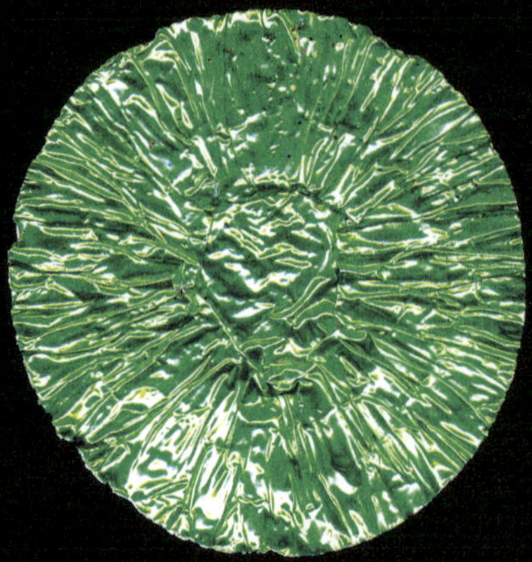

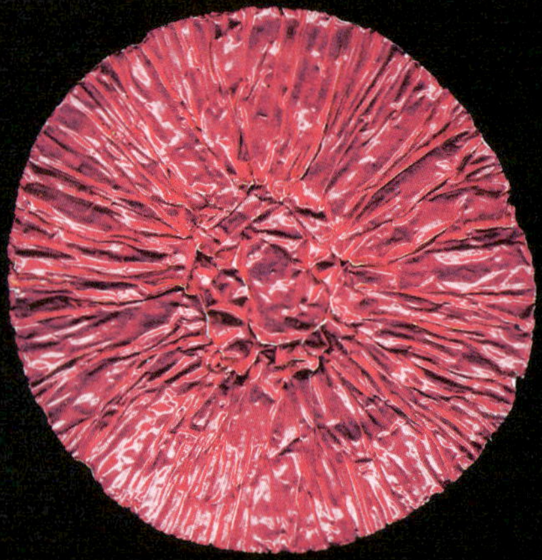

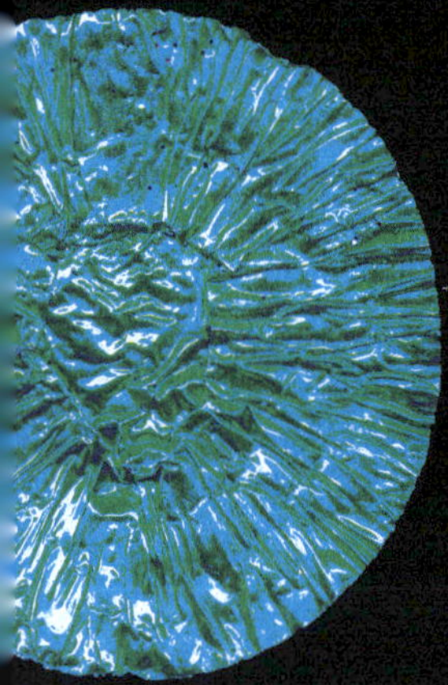

mit Folienpapier von Eiskonfekt,
leeren Teelichtschalen
oder
sonstigen Fundstücken.

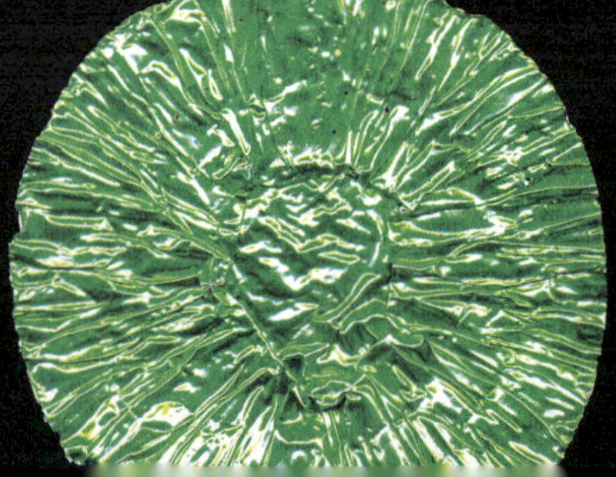

Du brauchst:

- wie auf dem Bild die geglätteten (und evtl. gesäuberten) Papiere von Eiskonfekt, Pralinen, leere Teelichtschalen und andere beliebige Papiere
- Schere
- Nadel und Faden oder Nähmaschine
- evtl. Perlen, Knöpfe oder Ähnliches zum Verzieren
- Klebstoff

So geht's:

Anhänger aus Eiskonfekt:
3 Folienpapiere aufeinanderlegen und mit Nadel und Faden genau in der Mitte zusammennähen.
Oben den Faden etwas länger lassen, damit man ihn als Aufhänger verwenden kann.
Wer mag, fädelt unten noch ein paar Perlen, Federn oder Pailletten auf.

Anhänger aus leeren Teelichtschalen:
Die leeren Teelichtschalen an den Seiten einschneiden und vorsichtig nach außen drücken.
Zum anschließenden Flachdrücken kann man ein dickeres Papier dazwischenlegen, damit man sich nicht schneidet. Die große runde Mittelfläche lässt sich nun beliebig mit Papier, Knöpfen, Perlen ... verzieren.
Deiner Fantasie sind keine Grenzen gesetzt.
Zum Aufhängen in eine der Metalllaschen mit der Nadel ein kleines Loch durchstoßen und einen Faden durchziehen.

Wenn du all diese Dinge nicht zu Hause hast, kannst du alternativ auch Anhänger aus dicker Pappe, z. B. von einem Päckchen, ausschneiden, bekleben, verzieren und aufhängen.

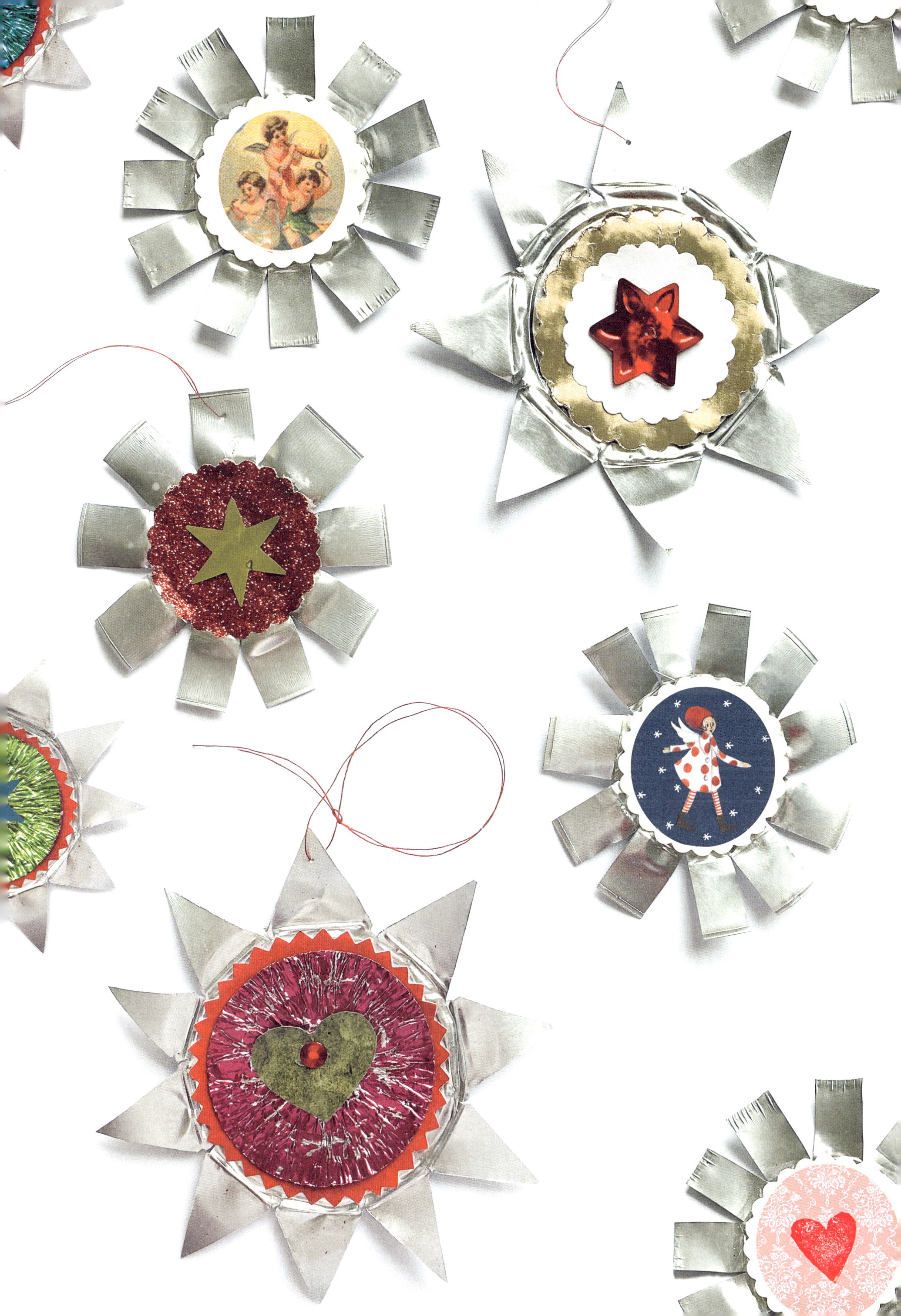

ES KOMMT EIN SCHIFF GELADEN

Es kommt ein Schiff geladen
bis an sein höchsten Bord,
trägt Gottes Sohn voll Gnaden,
des Vaters ewigs Wort.

nach einem Marienlied aus Straßburg,
15. Jahrhundert

ORIGAMI:
NIKOLAUS ZUM FALTEN

Du brauchst:

- Ein quadratisches Papier 15 x 15 cm (Vorderseite rot, Rückseite weiß)
- Stift zum Malen des Gesichts

So geht's:

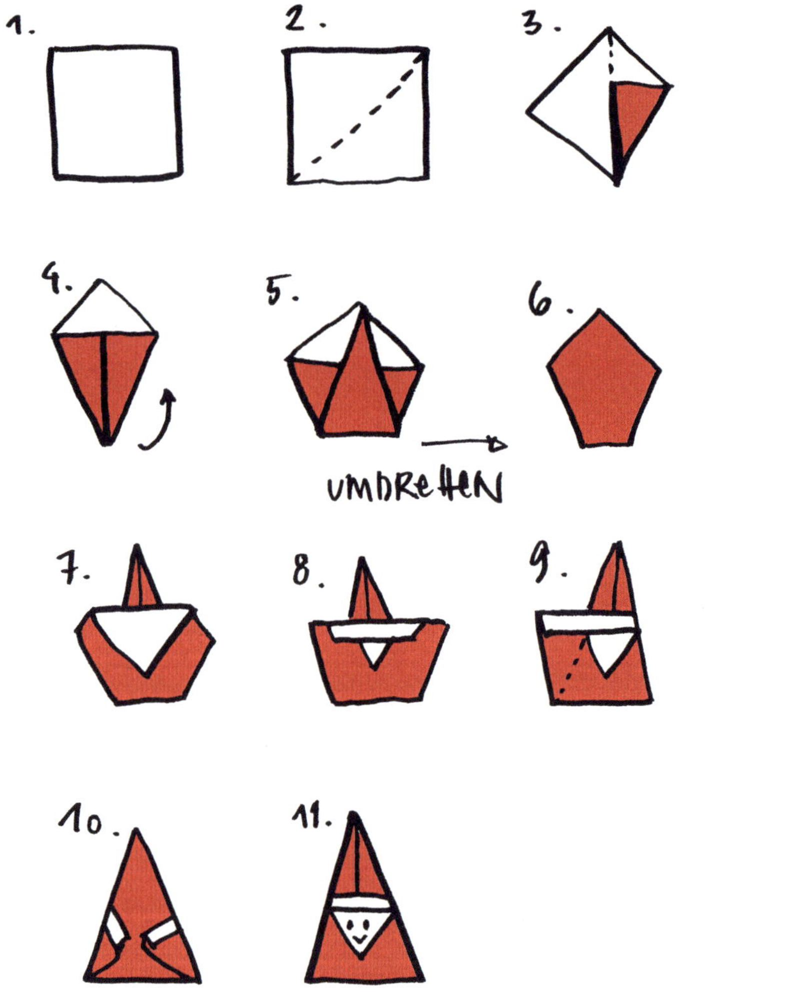

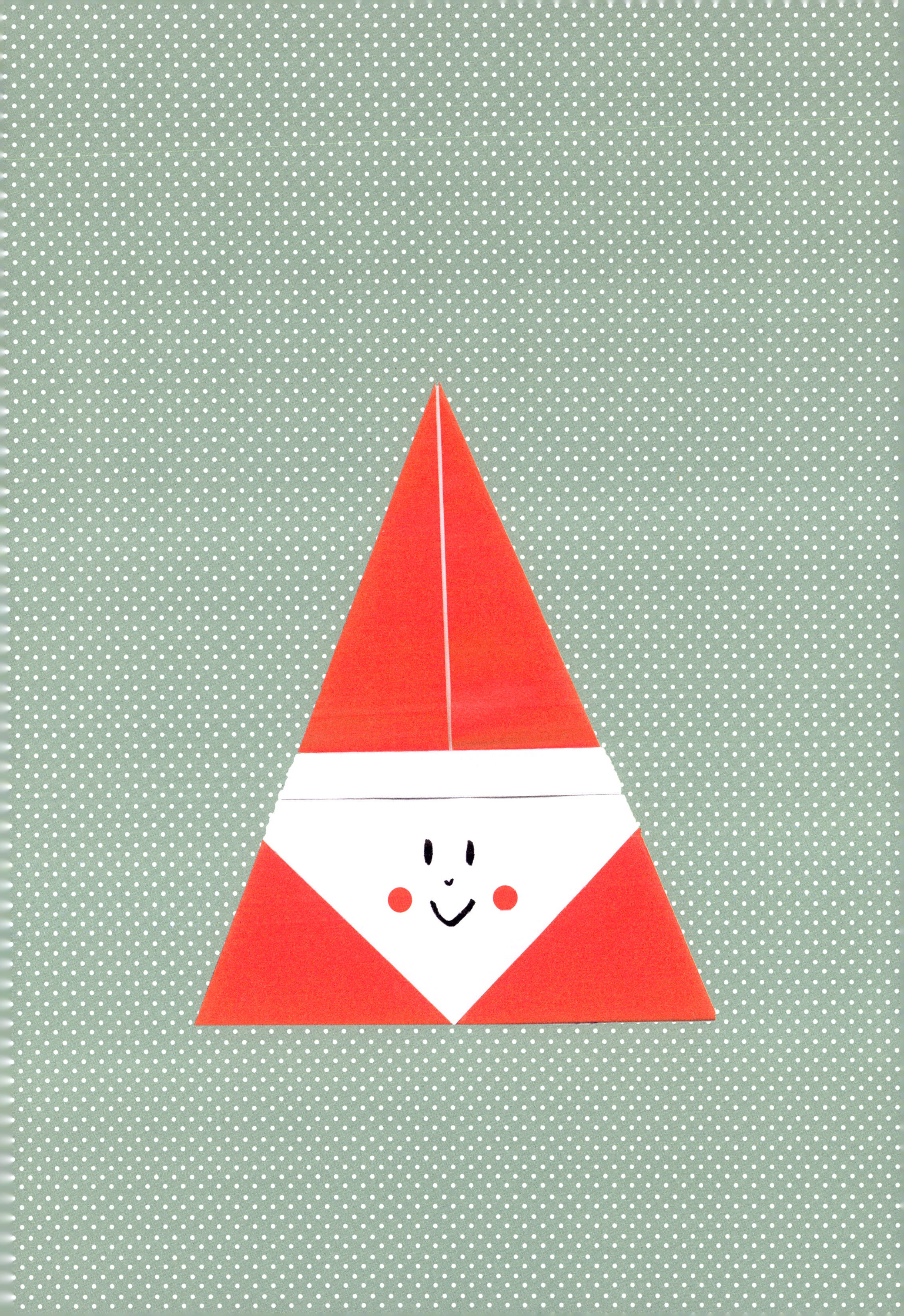

NIKOLAUSTAG

6

Es wird berichtet, dass Nikolaus um das Jahr 270 in der Stadt Patara in Kleinasien geboren wurde. Seine Eltern waren wohlhabend und fromm und gehörten dem neuen christlichen Glauben an. Sie lehrten Nikolaus sehr früh, den Armen zu helfen.
Nach ihrem Tod erbte er ihr großes Vermögen und tat damit Gutes, wo er nur konnte. Das Schenken zur Weihnachtszeit geht auf den heiligen Nikolaus zurück.
Er war überaus beliebt und angesehen. So wurde er in der Stadt Myra zum Bischof ernannt und war den Menschen Vorbild und Trost.
Zahlreiche Geschichten erzählen von den Wundern, die sich zu seinen Lebzeiten und auch nach seinem Tod zugetragen haben.

Er wird immer noch in vielen Nöten um Hilfe angerufen.
Am 6. Dezember im Jahr 350 ist er gestorben.
Der Namenstag von Nikolaus ist der 6. Dezember.
Er ist der Patron der Pilger und Reisenden, der Richter, Kaufleute, Gefangenen und auch für eine glückliche Heirat.

Santa Claus !
lasst uns froh
munter
sein
und uns von
HERZEN
freuen
lustig, lustig - tralalala
Nikolaus
geladen

BRÄUCHE ZU NIKOLAUS

Schuhe, Stiefel werden am Vorabend vor die Tür gestellt.
Am Vorabend besucht der heilige Nikolaus – oft in Begleitung von Knecht Ruprecht – die Kinder, ermahnt und beschenkt sie.
Klausenmänner backen …

WUSSTEST DU,

dass der heilige Nikolaus der Patron der Schiffer und Seeleute ist?
… dass die Kinder früher nur zum Nikolaustag beschenkt wurden?
Er galt schon immer als Gabenbringer. Dies geht auf eine Legende zurück:
Es war ein armer, frommer Mann. Er hatte drei Töchter, diese konnten aber nicht heiraten, weil sie so arm waren. Als dies der heilige Nikolaus erfuhr, warf er bei Nacht 3 Goldklumpen durchs Fenster.

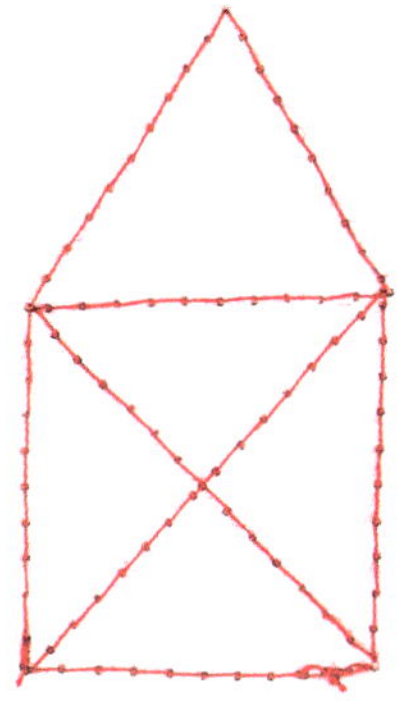

WUSSTEST DU,

dass Knecht Ruprecht den Nikolaus begleitet?
In manchen Gegenden heißt er Aschenklas, Pelznickel, Berchtel, Klaubauf, in Österreich Krampus.
Am 5. und 6. Dezember gibt es das Klausentreiben im alemannischen Alpenraum. Junge Männer verkleiden und vermummen sich. Mit Ruten und Schellen vertreiben sie die Schaulustigen.
Diese finsteren Gestalten haben ihren Ursprung in heidnischer Zeit. Vor Beginn der Sonnenwende zogen sie durch die Dörfer, um die dunklen Mächte zu vertreiben. Die Rute galt als lebensspendendes Zeichen, sie war ein immergrüner Zweig, mit dem man die Häuser zum Schutz schmückte.

REZEPT FÜR WECKMANN (STUTENKERL, KLAUSENMANN …)

Zutaten:

für den Hefeteig:
(alle Zutaten Zimmertemperatur)

500 g Mehl	1 Prise Salz
25 g Hefe	60–80 g Zucker
$^1/_8$ bis $^1/_4$ l Milch	80 g weiches Fett
1 Ei	evtl. Schale von einer halben Zitrone

Milch oder Ei zum Bestreichen
Rosinen

Zubereitung:

Das Mehl in die Rührschüssel geben und eine tiefe Mulde hineindrücken.
Dort hinein die Hefe zerbröseln, 1 TL Zucker darüber und mit lauwarmer Milch aufgießen und verrühren. Ca. 15 Minuten gehen lassen.
Dann die restlichen Zutaten hinzufügen und kräftig durchkneten, bis der Teig Blasen wirft. Den Teig erneut ca. 1 Stunde an einem warmen Ort gehen lassen.

Anschließend den Teig auf einer leicht bemehlten Arbeitsfläche ausrollen und, wenn vorrätig, mit Weckmannformen ausstechen. Wer keine Ausstechformen hat, kann die Weckmänner gut von Hand formen. Die geformten Figuren mit Milch (oder Ei) bestreichen und Hagelzucker bestreuen, Rosinen als Augen und Mund eindrücken.

Bei 175 °C ca. 20–25 Minuten
goldbraun backen.

Manchmal

siehst du die Sterne nicht mehr.

Hör hin –

Sie erzählen von Wundern …

Dass dein Herz zu hüpfen beginnt.

VERSCHENKE EINEN STERN, DAMIT DAS HERZ HÜPFEN KANN!

Schneide einen Stern aus Papier aus oder stich ihn mit Ausstechformen aus Ton, Knete oder Teig aus. Mach eventuell an der Spitze ein kleines Loch und zieh eine Schnur durch.

Wenn du es aufwendiger magst, kannst du mit Korken, Perlen und Nadeln einen Anhänger wie auf dem Bild machen.

Oder du schneidest Sterne aus dicker Pappe und bemalst oder bestempelst sie.

V
IX
X

STERNE AUS BUTTERBROTTÜTEN

Du brauchst:

- mindestens 8 Butterbrottüten
- Klebstoff
- Schere
- Schnur zum Aufhängen

So geht's:

1. Butterbrottüten Stück für Stück an den Flächen zusammenkleben. Dabei ist wichtig, dass alle Öffnungen in die gleiche Richtung zeigen.
2. Wenn alle Tüten miteinander verklebt sind, schneidet ihr eine Zacke in die Seite mit den Öffnungen. Wer mag, kann am Rand noch beliebige Formen hineinschneiden.
3. Wenn ihr mit dem Schneiden fertig seid, tragt ihr auf der obersten Tüte Klebstoff auf und verbindet die klebende Seite mit der ersten, sodass der Stern seine richtige Form annimmt.
4. Durch die Spitzen fädelt ihr einen Faden oder eine Schnur zum Aufhängen.

LASS UNS SINGEN, DIR, SCHÖNER STERN

Weihnachtslied von den Moldauer Tschangos
Ungarische Volksweise, mündlich überliefert

Der Kanon wird nicht von allen drei Stimmen gleichzeitig beendet.
Jede Stimme singt bis zur Schlussfermate 𝄐

Auf leichten Flügeln der Winde,
kühn über die Wasser fliegt er.
Lass uns singen, dir, schöner Stern.

Über Wasser, über Völker
strahlt ein grosser Stern.
Lass uns singen, dir, schöner Stern.

Er sagt uns voraus,
dass die Welt neu werden wird.
Lass uns singen, dir, schöner Stern.

Als jener Stern aufging,
verblassten all die andern.
Lass uns singen, dir, schöner Stern.

Wie Kerzen erloschen sie,
falsch und betrügerisch sie waren.
Lass uns singen, dir, schöner Stern.

Von wo das Sternenlicht herkommt,
dorthin dreht sich die Welt.
Lass uns singen, dir, schöner Stern.

Auf den klaren Weg der Wahrheit
scheint sein Licht.
Lass uns singen, dir, schöner Stern.

Von der deutschen Übersetzung aus dem Ungarischen kann nur der Refrain gesungen werden.

Du brauchst:

Für die einfache Variante:

- Toilettenpapierrolle oder irgendeine kleine leere Dose
- Klebeband und Farbe/Papier zum Verschönern.

Für die aufwendigere Variante:

- Kronkorken von Flaschen
- Nagel und Hammer
- Holzperlen
- Draht
- Holzstöckchen oder Papierring

So geht's:

Die leere Dose mit Kiesel, Reis oder Sand befüllen. Außen bemalen oder mit Klebeband verschönern.
Die Toilettenpapierrolle an einer Öffnung zukleben. Mit Kiesel, Reis oder Sand befüllen.
Die offene Seite gleichfalls verschließen. Mit Papier, Farbe oder Klebeband verschönern, und schon kannst du es ausprobieren.
Abhängig von Klangkörper und Füllmaterial verändert sich der Klang.
Je feiner das Füllmaterial, desto sanfter. Je gröber, desto lauter.
Pappe macht den Ton dumpfer. Blech und Plastik klingen heller.

Für die aufwendigere Variante:

1. Du hämmerst mit einem Nagel Löcher in die Kronkorken. Dabei solltest du darauf achten, einen unempfindlichen Untergrund zu haben, damit nicht versehentlich Löcher in den Boden oder den Tisch kommen.
2. Du fädelst je zwei Kronkorken entgegengesetzt zueinander auf einen Draht und gibst immer eine Perle dazwischen.
3. Wenn du genügend Kronkorken aufgefädelt hast, wickelst du den Draht um das Stöckchen oder den Papierring und probierst es gleich mal aus.

FIPS UND PIPS

9

Ich und du

Eines Tages stand Pips da.
Ich sehe was, was du nicht siehst,
sagt er zu Fips
und lacht.

Was siehst du denn?,
fragt Fips.

Ich sehe,
dass du träumst,
sagt Pips.

Und was noch?,
fragt Fips.

Ich sehe,
dass du tanzt,
sagt Pips.

Und was noch?,
fragt Fips.

Ich sehe, dass du dich freust,
sagt Pips.

Und was noch?,
fragt Fips.

Ich sehe, dass du übermütig bist,
sagt Pips.

Und was noch?,
fragt Fips.

Ich sehe, dass du fliegst,
sagt Pips.

Und was noch?,
fragt Fips.

Ich sehe, dass du zornig bist,
sagt Pips.

Und was noch?,
fragt Fips.

Ich sehe,
dass du weinst,
sagt Pips.

Und was noch?,
fragt Fips.

Ich sehe, wenn du auf einer Wolke fliegst, schwebst, nachdenkst …
sagt Pips.

Und was noch?,
fragt Fips.

Ich sehe, dass du Geige spielst,
sagt Pips.

Und was noch?,
fragt Fips.

Ich sehe, dass du müde bist,
sagt Pips.

Siehst du das alles?,
fragt Fips.

Ja, sagt Pips.
Er lacht.
Und noch viel mehr!

Aber warum?
Weil ich dich mag.
Sogar sehr, sagt Pips leise.

Er legt den Arm um Fips.
Nun schlafen beide.
Ich sehe was,
was du nicht siehst, sagt Fips lächelnd
im Traum.

FREUNDSCHAFTSWICHTEL SCHNITZEN

Wenn du magst, kannst du noch eine Schleife darumbinden und einen schönen Spruch als Überraschung dranhängen.

Du brauchst:

- Holzstecken
- rote und weiße Farbe (am besten Acrylstifte oder Lack auf Wasserbasis)
- schwarzer Stift für das Gesicht

So geht's:

1. Mit einem Messer die Stecken anspitzen. Dabei kann dir auch jemand helfen.
2. Die Spitzen mit roter Farbe und die Bärte mit weißer Farbe anmalen.
3. Das Gesicht malen.

Wünschen,

träumen,

schenken,

schreiben …

WUNSCHZETTEL
für's Christkind

10

FÜR WUNDER

Geduld haben

warten können

wo? wie? wann kommst du?

wann kommt es zu mir?

zu mir, zu uns
aus dem Himmel
der Engel hat deine Lippe berührt
ein Zeichen
du hast es vergessen, das Paradies
auf einer Wolke schweben
eine Blume zeichnen
die Reise verschieben
ein Stern bist du mir
mein Stern, dein Stern, unser Stern

morgen, jetzt, bald, geträumt von dir
du singst,
ich singe für dich:
weißt du, wie viel Sternlein stehen?

Du brauchst:

- ein Stück Linoleum oder dickes Gummi
- ein scharfes Messer und Linolschnittwerkzeug
- Stempelfarbe oder Acrylfarbe

So geht's:

1. Das gewünschte Stempelmotiv auf ein Papier zeichnen und ausschneiden. Auf das Gummi oder Linoleum legen und die Umrisslinie nachfahren.
2. Das Motiv vorsichtig aus der Gummiplatte ausschneiden. Einmal weggeschnitten, kann man es nicht mehr ändern.
3. Zum Stempeln kann man ein Stempelkissen verwenden oder auch Acrylfarbe mit einem Pinsel auf den Stempel auftragen.

Wer kein Linoleum oder Gummi besorgen kann, kann auch mit Korken oder Kartoffeln oder Flaschendeckel stempeln.

EIGENES GESCHENKPAPIER ODER GESCHENKTÜTEN
MIT EIGENEM STEMPEL DRUCKEN

Und ich ziehe die Winterschuhe an
und ich laufe und laufe nach Bethlehem.
Wer kommt mit?

IN DIESER DUNKLEN NACHT

11

Wer weiß, sagte sie,
wem mein Licht, meine Rose, mein Esel, mein Stern
gehören …
mein Schaf, mein Hirte, so auch meine Laterne, mein König,
mein Haus, mein Stall,
so auch meine Tür, mein Fenster, aus dem ich schaue.
Da geht ein Mann durch die Winternacht auf das Feld, ganz allein.
Er findet eine Rose ohne Dornen, dann einen Ochsen und einen Esel
in meinem Stall und ein Kind.
Der Ochse beginnt zu sprechen,
der Esel blickt den Mann an,
der Mann die Frau,
die Frau das Kind
und das Kind den Mann.
Da lächelt der Mann und geht weiter
in der dunklen Nacht,
mit einem Licht, einem Stern, einem Esel, einem Haus, einer Rose.
Wer weiß, sagte sie,
wem mein Licht, meine Rose, mein Stern, mein Esel, mein Ochse, mein
Haus, mein Stall, mein Fenster, meine Tür und mein König …
auch noch gehören.

EIN LICHT STRAHLT IN DER FINSTERNIS

Häusersilhouette ausschneiden,

zusammenkleben,

in die Mitte ein Glas mit einem Teelicht stellen

Du brauchst:

Papier, Schere, Klebstoff und ein Glas mit einem Teelicht

So geht's:

Pause dir die Vorlage für die Häuser ab, schneide die Kanten und die Fenster mit einer Schere aus und klebe sie an der dafür vorgesehenen Stelle zusammen. Anschließend kannst du mit einem Teelicht in einem Glas Licht in den Häusern erstrahlen lassen.

12

Schläft ein Lied
in allen Dingen
die da träumen fort und
fort

und die Welt hebt an zu singen,
triffst du nur das
ZAUBERWORT

Joseph von Eichendorff

ANHÄNGER AUS NUSSSCHALEN MIT ENGELN UND JESUSKIND

Du brauchst:

- Schalenhälften von Walnüssen
- für den Engel oder das Jesuskind Holzperle, Stoff, Papier, Wolle ...
- Faden zum Aufhängen

So geht's:

1. In die Walnusshälften für den Kopf des Engels/ Jesuskinds eine Holzperle kleben.
2. Mit Stoff oder Papier den Körper gestalten.
3. Oben innen an die Nussschale einen Faden zum Aufhängen kleben.

Wer mag, kann auch noch Sterne oder Haare aus Wolle auf den Kopf kleben, Flügel schneiden oder die Nussschale mit Moos auslegen.

13

SANTA LUCIA

Am 13.Dezember wird der heiligen Lucia oder Luzia gedacht. Sie lebte im 3. Jahrhundert in Sizilien und stammte aus einer angesehenen römischen Familie. Schön früh wandte sie sich dem Christentum zu. Ihr Name bedeutet »die Leuchtende« oder »Lichtträgerin«. Anstatt zu heiraten, wie es üblich war, löste sie ihre Verlobung und verwendete ihre Mitgift für die Armen. Heimlich brachte sie bei Nacht den verfolgten Christen in die Katakomben das Allernötigste. Dabei trug sie einen Lichterkranz, um die Hände frei zu haben. Davon erfuhr ihr enttäuschter Bräutigam. Er verriet sie, und sie erlitt den Märtyrertod.

Häufig wird die heilige Lucia mit einem Palmzweig, einem Buch oder auch einem Licht in der Hand dargestellt. Sie wird bei Augenleiden um Hilfe angerufen.

Weißt du,
warum die heilige Lucia
»Lichtbringerin« heißt?

Ihr Name geht auf das
lateinische Wort »lux« für Licht zurück.

In Schweden ist der 13. Dezember ein besonderer Tag. Die älteste Tochter ist Luzienbraut. Sie trägt ein weißes Gewand mit einer roten Schärpe und einem grünen Lichterkranz auf dem Kopf. Am Morgen weckt sie Eltern und Geschwister mit den ersten Weihnachtsplätzchen und zieht mit den anderen Mädchen durch den Ort und kündigt das Licht an, das an Weihnachten mit der Geburt Christi in die Welt kommt.

In Kroatien wird am 13. Dezember der Luzienweizen in einer Schale ausgesät. An Weihnachten soll er grünen als Zeichen des neuen Lebens. Im oberbayrischen Fürstenfeldbruck werden von den Kindern kleine Schiffchen gebastelt und darauf Kerzen befestigt und am Abend in den Fluss gesetzt.

REZEPT FÜR LUCIAGEBÄCK

Zutaten:

250 g Butter oder Margarine
225 g Zucker
500 g Mehl
1 Ei
100 g geriebene Mandeln
Milch zum Bestreichen
evtl. Hagelzucker zum Bestreuen

Zubereitung:

Alle Zutaten zu einem Teig verkneten. Den Teig ausrollen und passende Formen ausstechen.
Mit Milch bestreichen und evtl. Hagelzucker bestreuen.
Bei 170° Celsius ca. 20–30 Min goldgelb backen.

14

Schneeflocken
fallen mir
auf das Gefieder
immer und immer wieder.
Federleicht bin ich nun.

PAPIERE ZU
BUNTEN PARADIESVÖGELN
WERDEN LASSEN

Du brauchst:

- bunte Papiere
- Schere
- Nadel und Faden (oder gleich die Nähmaschine)
- Klebstoff
- Draht
- Perlen, Pailletten, Federn zum Verzieren, wenn du magst.

So geht's:

1. Pause dir diesen Vogel durch, schneide ihn aus und lege ihn als Vorlage auf dein buntes Papier und zeichne den Umriss nach.
2. Schneide zwei Vögel nach dieser Vorlage aus und nähe oder klebe sie zusammen.

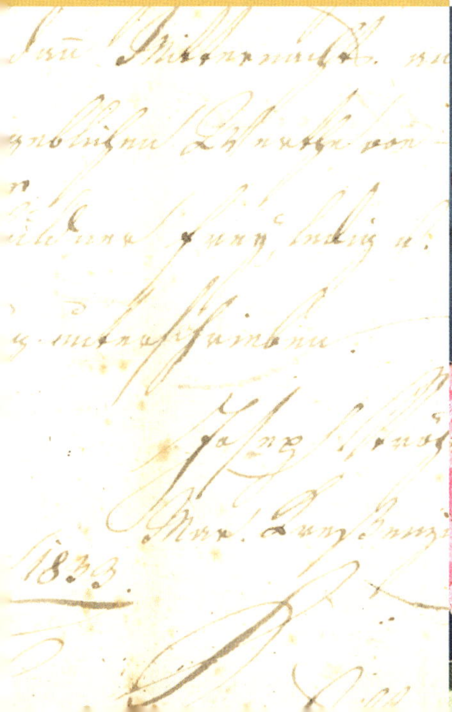

3. In die obere Mitte des Vogels machst du ein Loch und fädelst einen Draht durch, damit du ihn aufhängen kannst.
4. Wenn du ihn mehr wie einen Paradiesvogel magst, kannst du ihn noch mit Schwanzfedern verzieren und unten noch Perlen und Pailletten anhängen.

15

ES IST EIN ROS' ENTSPRUNGEN

Es ist ein Ros' entsprungen
aus einer Wurzel zart,
wie uns die Alten sungen,
von Jesse kam die Art.
Und hat ein Blümlein bracht
mitten im kalten Winter
wohl zu der halben Nacht.

Das Röslein, das ich meine,
davon Jesaja sagt,
hat uns gebracht alleine
Marie, die reine Magd.
Aus Gottes ew'gem Rat
hat sie ein Kind geboren
wohl zu der halben Nacht.

Weihnachtslied aus dem 16. Jahrhundert

DIE SCHNEEROSE, HELLEBORUS NIGER, AUCH CHRISTROSE GENANNT, ROSE DES WINTERS

In der Blumensprache steht sie für Hoffnung und Unschuld und auch für eine bessere Zeit. Jedem kann man sie schenken. Der Beschenkte steht auch für die Hoffnung des Schenkenden: »Hilf mir, meine Angst zu überwinden.«

Die Christrose blüht um die Weihnachtszeit.

Eine Legende erzählt von einem Hirten, der keine Gabe hatte, um sie dem neugeborenen Kind zu überbringen. Nicht einmal eine Blume fand er im Schnee. Da weinte er. Und an jener Stelle dort, wo seine Tränen niederfielen,

waren Christrosen gewachsen. So brachte er dem Kind in der Krippe ein ganz besonderes Geschenk.

WEISST DU, WIE DU GANZ LEICHT EIN ROSENPAPIER STEMPELN KANNST UND DICH GLEICHZEITIG NOCH MIT EINEM LECKEREN SALAT ERFREUST?

Du brauchst:

- Chinakohl oder Salatherzen
- Messer
- Stempelkissen
- ein Blatt Papier

So geht's:

Den Strunk des Chinakohls oder der Salatherzen abschneiden. Fertig ist dein Stempel. Die Farbe vom Stempelkissen auftragen und auf ein Papier drucken. Wenn du Lust hast, kannst du noch Blätter und Stiele dazumalen. Wenn du fertig bist, gibst du den Stempel einfach in den Biomüll.

Aus dem guten Teil der Salatherzen oder des Chinakohls, den Blättern, kannst du einen leckeren Wintersalat zubereiten.
Salat gut waschen. Den Chinakohl mit etwas lauwarmem Wasser, damit die Bitterstoffe weichen. Den Chinakohl in feine Streifen schneiden. Wer mag, schneidet noch Mandarinen oder Orangen darunter. Wer's lieber herzhaft mag, wählt Paprika als Farbtupfer.
Mit Essig, Öl oder ein bisschen Sahne, Salz, Pfeffer und einem Schuss Mineralwasser abschmecken.

LEA UND KÖNIG WUFF

16

Es war kurz vor Weihnachten.

Der erste Schnee fiel in der Stadt. Das war neu und aufregend für Wuff, wie das »Sternefangen«.

Lea hatte es ihm neulich beigebracht. Sie waren beide hinunter in den Vorgarten gerannt, während es schneite.

»Mach mir alles nach«, sagte Lea.

Sie streckte die Zunge heraus und schloss für einen Moment die Augen. »Mm, rate, wie es schmeckt!«

»Wie Sahne!«, sagte Wuff und verdrehte die Augen.

»Wie Lebkuchen und Bratapfel!«, rief Lea.

Als Lea die Augen wieder öffnete, sah sie Leon an der Haustür stehen.

»Hi, Leon«, sagte Lea. »Worauf wartest du?«

Leon begann zu stottern, er wollte wegrennen. Da fasste ihn Lea an der Schulter.

»Kommst du mit hoch?«, fragte sie sanft. »Meine Ma ist noch nicht da.«

Leon nickte und lächelte scheu.

Sie stiegen die Treppe hinauf. In der Küche war es warm und gemütlich, und Löwchen zwitscherte leise. Das tat er seit einigen Tagen wieder.

»Ich mach uns heiße Schokolade«, sagte Lea. Sie stellte drei Becher auf den Tisch.

Leon zeigte auf Wuff. »Gehört er dir?«, fragte er.

»Das ist mein Freund Wuff«, sagte Lea.

Leon schwieg. Er sah sich ängstlich im Zimmer um. Dann ging er auf Löwchens Käfig zu und streckte seinen Finger hinein.

Löwchen erschrak und flatterte hin und her.

Auf Leas Fragen antwortete er nur kurz.

Sie holte das ›Mensch-ärgere-dich-nicht‹-Spiel und stellte die Figuren auf.

»Wie alt bist du eigentlich?«, fragte Lea.

»Sechs«, antwortete Leon.

Wuff lag auf dem Sofa und schien zu schlafen. Manchmal seufzte er im Traum.

Ganz allmählich erfuhr Lea mehr von Leon, dass seine Mutter oft krank war und er keinen

Vater hatte. Und dass er seiner Mutter viel helfen musste. Dieses Jahr war er auch in die Schule gekommen.
Plötzlich stand Leon auf. »Ich muss gehen!«, sagte er und lief zur Tür.

Seither trafen sie sich immer öfters. Lea half Leon beim Einkaufen. Wenn Ma nicht da war, spielten sie in der Küche zusammen ›Mensch-ärgere-dich-nicht‹ oder liefen in den Park. Doch über Wuff sprachen sie nie. Er war Leas Geheimnis. Aber Leon erzählte auch niemand anderem von Wuff. Er war nun ihr beider Geheimnis.

Eines Nachts erwachte Lea. Wuff stand vor ihrem Bett.
»Komm!«, flüsterte er und führte sie zum Fenster. Die Nacht war kalt und klar, und der Himmel mit Sternen übersät. Einer strahlte ganz besonders hell.
»Erkennst du den Hundsstern an der Ferse des Orion dort, Leachen?«
Lea nickte.
»Er ist schon immer mein kleiner Planet«, sagte Wuff.
»Bist du dann ein richtiger König?«, fragte Lea. »Ja«, sagte Wuff, »ein richtiger König. Sieh nur, mein Stern kommt näher, immer näher. Bald ist es Zeit für mich. Wenn ich weggehe, brauchst du nicht traurig zu sein. Es gibt mich auch, wenn ich nicht mehr bei dir bin, Leachen. Denn, wenn es mich nicht gäbe, könnten wir jetzt nicht am Fenster stehen und miteinander sprechen, ob es mich gibt, und uns erinnern an die Entenjagd und an Frau Caruso!«
Lea sah aus dem Fenster. Sie sagte nichts.
Sie drückte ihre heiße Stirn gegen die Scheibe, die war glatt und kühl wie ein Spiegel. Aber das Herz zog sich ihr zusammen, und ihr war schrecklich bange.
Lea erkannte Pa, wie er mit einer Aktentasche unter dem Arm müde aus dem Auto stieg. Sie winkte ihm zu, aber er blickte nicht nach oben zu ihr.
Lea horchte auf das Knarren der Treppe. Pa schloss die Wohnungstür auf, und bald danach hörte sie im Bad Wasser laufen. Ma war noch nicht zurück. Lea kroch wieder in ihr Bett. Sie fror. Da hörte sie ein Summen neben sich. Es war Wuff. König Wuff.
Unwillig drehte sich Lea auf die Seite. Sie wollte das Summen abschütteln. Wie ein kleines Tier kroch es in ihre kalten Füße und wärmte sie. Es war das Lied von den Schwänen. »Du bist stark!« hörte sie Nona neben sich sagen.
Leise öffnete sich die Tür. »Gute Nacht, Leachen!« Es war wirklich Pa.

»Gute Nacht!«, flüsterte Lea, und dann schlief sie ein, tief und fest.

Helles Licht weckte Lea am Morgen.
Löwchen sang. Im Haus war es still.
»Wuff!«, rief Lea. »Wo steckst du denn?«
Er lag nicht auf Leas Bett und nicht darunter. Vielleicht war er nur heimlich aus der Tür geschlüpft, als Pa die Morgenzeitung holte? Das kam manchmal vor. Oder er hatte sich aus Versehen im Bad eingeschlossen wie neulich? Lea ging ins Bad. Aber da war Wuff nicht.
Die Haustür stand offen. Die Morgenluft war eisigkalt. Wenn Wuff nur keinen Husten bekam!
Er wird hungrig sein.
Ich werde in den Park gehen und ihn suchen unter allen Büschen und Hecken.
Lea trat ans Fenster. Ein einzelner Stern blinkte noch. »Wuff«, sagte sie leise.
Sie holte Großmutters Fotografie hervor und sah sie lange an. »Du bist stark!«, das hatte auch Wuff gesagt.
»Lea!« riefen Ma und Pa. »Wo steckst du denn?«
»Ich komme«, sagte Lea.
Ma und Pa saßen am Küchentisch und tranken Milchkaffee.
»Morgen ist Weihnachten!«, sagte Pa geheimnisvoll.
Aber Lea hörte ihn nicht. Sie konnte nur noch an Wuff denken.
Pa beugte sich über die Zeitung. »Nein, so etwas!«, sagte er. »Alle Zeitungen berichten heute dasselbe!«
»Was denn?«, fragte Ma.
»Ein Stern, ›Kleiner Hund‹ genannt, ist über unserer Stadt erschienen und leuchtete heute Nacht so hell.«

KENNST DU DAS STERNBILD »GROSSER HUND«?

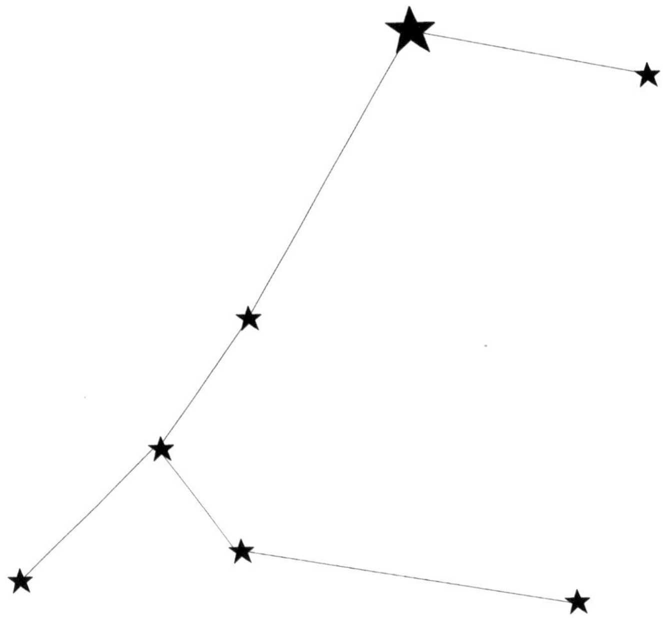

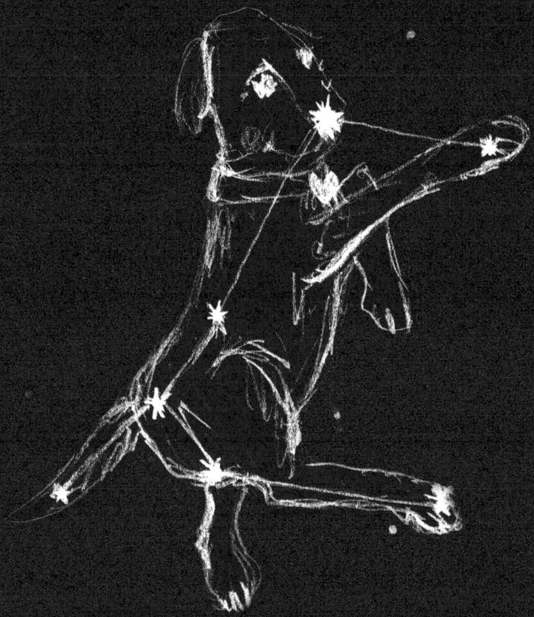

Vielleicht entdeckst du es
am Sternenhimmel.
Sirius ist die Hundschnauze.

LINZERTÖRTCHEN

Zutaten:

250 g Mehl
125 g Butter
200 g Zucker
1 Ei
1 EL Zimt
1 EL Kakao
150 g gem. Mandeln
1 TL Backpulver
4–5 EL Milch

Für den Belag:

Himbeermarmelade

Zubereitung:

Alle Teigzutaten zu einem Teig verkneten. Wenn er zu sehr klebt, etwas mehr Mehl dazugeben.
Von dem fertigen Teig zwei Drittel zu kleinen Kugeln im Durchmesser von ca. 4 cm formen und in eine ausgefettete Muffinbackform drücken.
Je einen kleinen Löffel Marmelade auf den Törtchen verstreichen.
Die andere Hälfte des Teiges ausrollen und Sterne (oder andere Formen) aus dem Teil ausstellen und auf die Marmelade legen.
Für einen schönen Törtchenrand den Teig am Rand mit einem Löffel vorsichtig nach unten drücken.

Die Törtchen bei 180 Grad Celsius 20–25 min backen.
Die ausgekühlten Törtchen mit Puderzucker bestreuen.

GUSTL LÖWENMUT

17

»Was hast du denn?«, fragte Tante Mi.

»Nichts!«, sagte Gustl. Das war natürlich gelogen, und das wusste Tante Mi auch.

Den ganzen Tag hatte Gustl Angst. Auch am Abend, als er im Bett lag, fürchtete er sich vor dem Löwen. Der Löwe könnte ja plötzlich zu ihm kommen, und was dann? –

»Ich habe Angst!«, rief Gustl plötzlich laut.

Tante Mi kam in sein Zimmer, zündete die Lampe an und setzte sich zu ihm ans Bett. Sie sah ihn fragend an, und dann legte sie beide Arme um seinen Hals und hielt Gustl fest, ganz fest. Tante Mi war stark, das spürte Gustl jetzt, fast so stark wie ein Löwe. Gustl fühlte, wie auch er stark wurde, immer stärker und mutiger, und dann sagte er leise:

»Tante Mi, ich habe einen Löwen gesehen hinter dem Haus!«

»So«, sagte Tante Mi, »einen Löwen«. Sie lachte nicht, aber sie schwieg lange. »Löwen wohnen nicht in Häusern«, hörte er ganz deutlich Tante Mi sagen, »nur wenn du sie hereinlässt.«

Gustl nickte, das verstand er. Und dann schlief er erschöpft und zufrieden in den Armen von Tante Mi ein.

MACH DIR EINEN ENGEL
WIE TANTE MI,
DER DICH BESCHÜTZT
UND BEHÜTET,
WENN DU ANGST HAST.

Du brauchst:

- Papier
- 4 Musterbeutelklammern
- Schere
- Schnur zum Aufhängen

Lege ein Pauspapier auf die abgebildete Figur.
Pause sie durch und male sie aus, wenn du Lust hast.
Klebe sie anschließend auf festes Papier.
Jetzt kannst du sie ausschneiden und mit den Klammern zusammenheften.
Oben am Kopf eine Schnur anbringen. Fertig ist dein (Schutz)Engel.

Du bist nicht allein!

**WEISST DU,
WOHER DER WEIHNACHTSBAUM KOMMT?**

18

Der Weihnachtsbaum

erinnert an Adam und Eva im Paradies.

Seinen Ursprung hat der Weihnachtsbaum schon in vorchristlicher Zeit.
Die Farbe Grün steht für die Fruchtbarkeit und Lebenskraft.
In der christlichen Überlieferung erinnert er an den Baum im Paradies
und an Adam und Eva.

Erst im 15. Jahrhundert wurden Weihnachtsbäume aufgestellt und mit Nüssen, Äpfeln und Datteln behängt. Die roten Äpfel sind auch ein Zeichen für die Liebe.
Durch Martin Luther kamen die Weihnachtsbäume in die Häuser der Protestanten. Dagegen gehörte die Krippe in die katholischen Familien.
Auch der Weihnachtsschmuck hat eine Bedeutung: die Engel als Boten, die goldenen Nüsse mit ihrem Kern als Geheimnis, die das Kerzenlicht spiegelnden Glaskugeln, die leuchtenden wegweisenden Sterne und das Zuckerwerk als süße Gabe.

Ab 1730 wurden die Bäume erstmals mit Kerzen geschmückt.
Zur Zeit Napoleons war der Weihnachtsbaum fester Bestandteil des Weihnachtsfestes.
Zum ältesten Weihnachtsschmuck gehören auch die »Springerle«, ein typisches Weihnachtsgebäck aus mit Anis gewürztem Teig, in hölzerne Model gedrückt.
Lametta, Zischgold genannt, gibt es schon seit dem 18. Jahrhundert.
Die bunten Glaskugeln kamen aus den Glashütten in Thüringen und die bemalten Holzfiguren, Nussknacker, Räuchermännchen und Rauschgoldengel aus dem Erzgebirge.

"Joulupuu"
heißt Christbaum
auf finnisch!

TANNENBAUMGIRLANDE

Tannenbaumanhänger oder
Karten mit Tannenbäumen selbst gestalten

Du brauchst:

- festes Papier
- Schnur
- Farbe und zum Verzieren Stempel, Pailletten ...

Tannenbäume aus Papier ausschneiden. Bestempeln oder bekleben. Oben an der Baumspitze ein Loch machen und eine Schnur durchziehen.

Wer den Baum lieber für eine Karte verwenden mag, klebt ihn auf ein gefaltetes Papier.

19

SCHREIBE DEIN EIGENES ELFCHEN

Das Elfchen hat nichts mit kleinen Elfen zu tun, aber es ermöglicht kleine, feine Gedichte, die aus nur elf Wörtern bestehen.

Sie sind auf fünf Zeilen verteilt, nämlich so:

1. Zeile: ein Wort
2. Zeile: zwei Wörter
3. Zeile: drei Wörter
4. Zeile: vier Wörter
5. Zeile: ein Wort

SCHREIBE DEIN ELFCHEN IN SCHÖNER SCHRIFT AUF EIN PAPIER UND MACHE EINE POSTKARTE DARAUS.

Heute

schmücke ich

einen grünen Baum.

Das ist mein Christbaum.

Schön!

Viktoria

Ein
schlaues Rentier
mit roter Nase
Fliegt durch die Nacht.
Rudolf!

Viktoria

Heute
breitet sich
langsam Stille aus
Lichterglanz erhellt das Haus.
Weihnachten!

Viktoria

Ein
heller Stern
leuchtet am Himmel,
zeigt uns den Weg.
Bethlehem!

Ferdinand

Weiße
dicke Flocken
ziehen der Landschaft
eine flauschige Decke über.
Schnee!

Viktoria

Es
schneit gerade
Die Bäume bedeckt
Der Schnee fällt leise.
Gemütlich

Leonhardt

Ein
kleiner Engel
kommt mich besuchen.
Das ist ein Fest!
Weihnachten!

Viktoria

Ein
Hase hoppelt
Durch den Schnee
Und trifft das Christkind
Weihnachtshase!

Viktoria

Engel hinterlassen

Spuren

und Menschen auch …

H

ICH SEHE WAS

Eines frühen Morgens standen sie da, unweit der Haltestelle,
neben dem Papierkorb an der Straße.
Sie schlugen keine Purzelbäume,
sie standen ganz still da,
sie bedachten nichts,
sie klagten nicht,
sie lächelten sich ein wenig zu.

Einmal muss das Fest ja kommen, sagte er.
Wohin die Reise geht, weiß ich nicht, sagte sie.
Der Himmel ist so blau, und die weißen Streifen …
Vielleicht ist das Meer, das wir suchen, himmelwärts?

Kannst du lesen?, fragte er.
Das Schild ist zu hoch für mich, sagte sie.
Und meine Flügel reichen nicht zum Fliegen.
Warte, sagte er, warte.

Und wenn nun keiner kommt, der uns mitnimmt?, fragte sie.
Es wird einer kommen.
Ein Omnibus,
ein Fahrrad,
ein Ballon,
ein Glücksritter, vielleicht,
einer mit blauen Augen auf einem weißen Esel.
Soll ich dir eine Geschichte erzählen?, fragte er weiter.
Von früher, sagte sie, du weißt doch: Es war einmal. Und jetzt?

Es sind die Zäune, die fehlen bei den Erlen, sagte er.
Ich habe von einem Land gehört, wo die Zitronen blühen
und Schafe weiden.

Wie lange stehen wir schon hier?, fragte sie. Und wozu Zäune?

Wir sind eingeladen, sagte er.
Eine Kapelle spielt uns zum Tanz auf.

Und dann die rauschenden Ballkleider und du im Frack und wir beide
an der festlich gedeckten Tafel …
Wenn er nur endlich käme,
der Omnibus oder der Glücksritter, sagte sie.

Und wenn wir zu spät kommen?
Ich höre Musik aus der Ferne, sagte er.

Ich friere, sagte sie. Vielleicht ist jetzt schon alles vorbei?

Vielleicht beginnt das Fest erst, wenn wir da sind, sagte er.

Ihre Augen glänzten.
Sie richteten sie nach links, nach rechts.
Er trat von einem Fuß auf den anderen.
Sie ruderte mit den Armen.
Vielleicht ist der Himmel das Meer?
Ich suche, sagte er.
Ich finde, sagte sie.

Es ist kein Stern zu sehen, keine Sonne, kein Mond.
Wir reisen ohne Gepäck.
Früher konnten wir fliegen,
als die Katzen noch grün waren.

Hör nur, wie mein Herz pocht, sagte sie.

Noch immer standen sie da, unweit der Haltestelle, neben dem Papierkorb und blickten auf die Straße.

Lass uns die Seite wechseln, sagte er.
Ich sehe was – –

Du brauchst:

- Kieselsteine in verschiedenen Größen
- Acrylmalstifte zum Bemalen
- eventuell Bleistift und Radiergummi zum Vorzeichnen
- eine Idee!

LOS GEHT'S!

ENGEL

Was ist das, ein Engel?
Wie sieht er aus?
Wo ist dein Engel?
Hat er es eilig?
Hat er Zeit?

Mit dem Engel beginnt die Weihnachtsgeschichte.
Es sind BOTEN GOTTES.

ENGELSFLÜGEL

Mit einem Stück festem weißem Papier und einem Holzspieß kannst du ganz leicht ein paar Flügel zum Verschenken, Abheben und Verzieren gestalten.

Pause den Umriss der Flügel ab, schneide die Vorlage aus und übertrage die Kontur auf ein dickes weißes Papier. Mache in die Mitte wie in der Vorlage zwei kleine Schnitte und fädle den Holzspieß vorsichtig ein. Schon fertig!

Wenn du magst, kannst du anstelle des Holzstabs auch ein Foto von dir in die Mitte kleben und dich selbst zum Engel werden lassen.

21

Macht hoch die Tür,
die Tor macht weit,
es kommt
der Herr der Herrlichkeit …

Georg Weissel / Adventslied

WUSSTEST DU, DASS DIE WINTERSONNENWENDE AUF DEN 21. DEZEMBER FÄLLT?

Sie richtet sich nach dem Stand der Erde zur Sonne.
Es ist die längste Nacht. Danach werden die Tage wieder heller.
Auch viele Tiere gehen jetzt noch in den Winterschlaf.
Schon die Germanen und die Kelten feierten diesen Tag als »Geburt des Lichtes«.

Azoren

22

Ein Stern wird aufgehen

Die Menschen machen weite Reisen,
um zu staunen
über die Höhe der Berge,
über die riesigen Wellen des Meeres,
über die Länge der Flüsse,
über die Weite des Ozeans
und über die Kreisbewegung der Sterne.

Augustinus

Fürchte dich nicht
leise zittert die Luft
es wird alles gut.

★

AVE
ist rückwärts
EVA
AVE
heißt
JA

GESTALTE DIR DEINE EIGENE KLEINE KRIPPE ZUM MITNEHMEN

Du brauchst:

- Eine leere Streichholzschachtel
- Papier, Stifte, Kleber ...

Bemale und beklebe die Streichholzschachtel so wie es dir gefällt und wie du deine kleine Krippenszene gerne darstellen möchtest. Hier sind ein paar Beispiele dafür:

Stille
NACHT

WUSSTEST DU,

dass es *Krippenspiele* seit dem 12. Jahrhundert in den Klöstern und Kirchen gibt, um auch den einfachen Menschen die Weihnachtsbotschaft zu vermitteln?
Vor allem in Spanien und Italien steht die *Weihnachtskrippe* im Mittelpunkt.

Von *Franz von Assisi* wird erzählt, dass er im Jahr 1223 in einer Waldgrotte eine lebende Krippe aufgebaut hat mit Ochs und Esel. Dort an der Krippe verkündete er die frohe Botschaft von Christi Geburt. Italienische Klöster und Kirchen übernahmen den Brauch, der sich immer weiter ausbreitete.

Erst seit 1780 gehörte die Krippe vor allem in katholischen Gegenden wie in Bayern und dem Alpenraum unter den Weihnachtsbaum.

DAS GESCHENK

23

In einem fremden, fernen Land, in dem immer die Sonne auf goldene Dächer schien, wo Kamele mit ihren kostbaren Lasten unter den Palmen ruhten, lebte ein Mädchen namens Filipa. Sie war ein seltsames Kind. Oft beantwortete sie Fragen, die keiner wusste, oder saß stundenlang am Fenster und wartete auf den Erlöser der Welt, von dem in den alten Schriften geschrieben war.

Als sie eines Tages den König des Landes entdeckte, wie er mit seinem prächtigen Gefolge durch die Gassen und Straßen zog, dachte Filipa:
Wie unermesslich reich und glücklich obendrein muss unser König sein!
Je mehr sie sich aber in den Gassen umhörte, was die Leute sprachen, desto nachdenklicher wurde sie.
Jener König war alt, und es quälte ihn, dass er bald einsam in seinem großen Palast sterben würde.
Er hatte die ganze Welt gesehen und alle Reichtümer der Welt, aber Gott, den er suchte, hatte er nicht gesehen.
Und weil der König von Tag zu Tag älter wurde, seine Stunden waren gezählt, erließ er in seiner großen Angst folgenden Befehl:
Er drohte seinem Land die schwersten Strafen an, wenn es niemandem gelänge, ihm, dem König, in drei Tagen Gott zu zeigen.
Da breitete sich überall im ganzen Land, in den Dörfern und Städten und im königlichen Palast, große Trauer aus.
Auch seine Gesandten, die Weisen, die Ärzte, die Soldaten, die Bäcker, Bauern, Köche und Schneider … wussten sich keinen Rat.

Als Filipa von des Königs Befehl erfahren hatte, fühlte sie ein großes Mitleid mit dem König und allen seinen Untertanen.
Und sie ging zu des Königs Palast, bat um Einlass und sprach: »Mit Gottes Hilfe will ich des Königs Willen erfüllen!«
Da lachte der alte König, und er spottete über sie. Filipa aber führte den alten König auf einen freien Platz und zeigte ihm die Sonne.
»Siehst du die Sonne?«, fragte Filipa.
Geblendet von ihrem Licht schloss der König seine Augen und senkte sein Haupt.
»Ich werde blind, wenn ich in die Sonne schaue!«, erwiderte der König.
»Und du willst mit deinen schwachen Augen Gott sehen? Die Sonne ist doch nur ein kleines Fünkchen seines flammenden Feuers!«, sagte Filipa. »Suche ihn mit anderen Augen!«
Der König aber wunderte sich über die klugen Worte des Mädchens und milder gestimmt sagte er zu ihr:
»Dann sage mir, was vor Gott war?«
Filipa sah ihn lange an, und dann sagte sie:
»Zähle!«
»Was bedeutet das?«, fragte der König. »Meinst du: eins, zwei, drei?«
Nun unterbrach ihn das Mädchen: »Beginne mit dem, was vor der Eins kommt.«
»Wie kann ich das? Vor eins kommt nichts!«, erwiderte der König.
»Oh Herr«, sagte Filipa. »Wisse, auch vor Gott gibt es nichts.«

Da schwieg der König beschämt, dann sagte er:
»Wenn du mir meine letzte Frage beantworten kannst, werde ich dich reich beschenken. Was tut Gott?«
Doch bevor Filipa antworten konnte, war der König mit seinem Palast verschwunden.
Sie stand wieder allein in ihrer Gasse. Die Dunkelheit war hereingebrochen. Nur ein Hund bellte.
Da hörte sie plötzlich, wie sie jemand bei ihrem Namen rief: »Lauf übers Feld zum Stall, Filipa!«
Verwundert drehte sie sich um. Die Gasse war leer. Von Unruhe getrieben warf sie ihr Tuch um, entzündete ihre Laterne und rannte über das Feld.
Als sie zu dem Stall kam, leuchtete der Mond so hell wie die Sonne am Tag, und der ganze Himmel war mit Sternen übersät.

Im Stall aber fand sie ein Kind in Windeln gewickelt und in einer Krippe liegen.
Da kniete Filipa vor ihm nieder. War das der Erlöser der Welt, auf den sie gewartet hatte?
Ein großes Geheimnis umgab dieses Kind.
Das Kind aber streckte ihr seine Arme entgegen.
Da weinte Filipa vor Glück. Nun wusste sie die Antwort auf des Königs Frage.
Als sich Filipa aufrichtete, sah sie zu ihrer Verwunderung den alten König vor dem Kind knien. Er hatte die Zeichen seiner Königswürde abgelegt.
Er sah sie an und lächelte, seine Angst war verflogen: »Jetzt weiß ich, was Gott tut«, sagte er leise, »Gott wird Mensch.«

Nach Leo Tolstoi

POP-UP-KARTE

DIN-A4-Papier oder kleiner

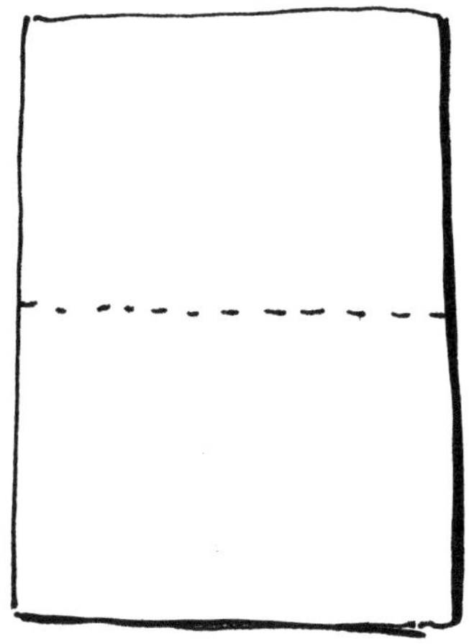

In der Mitte falten

Motiv überlegen und Hintergrund gestalten

Von hinten Stege in den Falz schneiden

Stege von hinten hochklappen und das ausgedachte Motiv aufkleben

Fertig ist die Pop-up-Karte. Wer möchte, kann von hinten noch ein Papier dagegenkleben, damit die Einschnitte nicht zu sehen sind.

DIE WEIHNACHTSGESCHICHTE: AUS DEM LUKASEVANGELIUM

24

Es begab sich aber zu der Zeit, dass ein Gebot vom Kaiser Augustus ausging, dass alle Welt geschätzt würde. Und diese Schätzung war die allererste und geschah zu der Zeit, da Cyrenius Landpfleger in Syrien war. Und jedermann ging, dass er sich schätzen ließe, ein Jeglicher in seine Stadt. Da machte sich auch auf Joseph aus Galiäa, aus der Stadt Nazareth, in das jüdische Land, zur Stadt Davids, die da heißt Bethlehem, darum dass er von dem Haus und Geschlecht Davids war, auf dass er sich schätzen ließe mit Maria, seinem vertrauten Weibe. Die war schwanger. Und als sie daselbst waren, kam die Zeit, dass sie gebären sollte. Und sie gebar ihren ersten Sohn und wickelte ihn in Windeln und legte ihn in eine Krippe, denn sie hatten sonst keinen Raum in der Herberge. Und es waren Hirten in derselben Gegend auf dem Felde bei den Hürden, die hüteten des Nachts ihre Herde. Und siehe, des Herrn Engel trat zu ihnen, und die Klarheit des Herrn leuchtete um sie; und sie fürchteten sich sehr. Und der Engel sprach zu ihnen: Fürchtet euch nicht, siehe, ich verkündige euch große Freude, die allem Volk widerfahren wird; denn euch ist heute der Heiland geboren, welcher ist Christus der Herr in der Stadt Davids. Und das habt zum Zeichen, ihr werdet finden das Kind in Windeln gewickelt und in einer Krippe liegend. Und also bald war da bei dem Engel die Menge der himmlischen Heerscharen, die lobten Gott und sprachen: Ehre sei Gott in der Höhe und Friede auf Erden und den Menschen ein Wohlgefallen. Und da die Engel von ihnen gen Himmel fuhren, sprachen die Hirten untereinander: Lasst uns nun gehen gen Bethlehem und die Geschichte sehen, die da geschehen ist, die uns der Herr kundgetan hat. Und sie kamen eilend und fanden beide, Maria und Joseph, dazu das Kind in der Krippe liegend. Da sie es aber gesehen hatten, breiteten sie das Wort aus, welches ihnen von diesem Kinde gesagt war. Und alle, vor die es kam, wunderten sich der Rede, die ihnen die Hirten gesagt hatten.
Maria aber behielt alle diese Worte und bewegte sie in ihrem Herzen. Und die Hirten kehrten wieder um, priesen und lobten Gott um alles, das sie gehöret und gesehen hatten, wie denn zu ihnen gesagt war.

Lukas 2, 1–20, nach der deutschen Übersetzung von Martin Luther

ICH WILL DAS KINDLEIN WIEGEN

1. Ich will das Kind - lein wie - gen, mein Herz zum Kripp-lein
2. Die En - gel - schar vom Him-mel steigt, weil Gott im Kind zur
3. Ich möcht im Him - mel ste - hen und dort den Kö - nig

bie - gen, das Wun - der zu um - fan - gen, den
Welt sich neigt. Auf Er - den wird's uns kund ge - macht, dass
se - hen. Die Welt sieht hier das schwa-che Kind, das

Him - mel zu er - lan - gen.
Got - tes Licht ins Herz uns lacht.
dort sich als ein Kö - nig find't.

Text und Musik von Christoph Kobelt

EIN GEBURTSTAGSGUGELHUPF AUS EIS

(SYMBOLISCH DER GEBURTSTAGSKUCHEN
FÜR JESUS UND DAS LICHT)

Fülle eine Gugelhupfform mit Wasser und gebe ein paar Zweiglein Tannenreis, Hagebutten, Rosenblätter, Orangen- oder Mandarinenscheiben dazu und gebe es für mehrere Stunden in den Gefrierschrank, bis der Gugelhupf vollständig gefroren ist. Löse den Eisgugelhupf vorsichtig mit lauwarmem Wasser aus der Form, stelle eine Kerze in die Mitte und lasse ihr Licht zum Fest erstrahlen.
Wahlweise kannst du auch viele kleine Gugelhupfs machen.

WEIHNACHTSGEBÄCK

BERLINER BROT

Zutaten:

250 g Butter
3 bis 4 Eier
500 g Zucker
1 Esslöffel Zimt
1 Messerspitze Nelken oder Muskat
60 g Kakao
500 g Mehl
$^{1}/_{2}$ Päckchen Backpulver
250 g Mandeln oder Haselnüsse, grob gehackt

Zubereitung:

Butter, Eier, Zucker schaumig schlagen.
Gewürze und den Kakao hinzufügen.
Mehl und Backpulver sieben und untermischen.
Die Nüsse unter den Teig ziehen.
Teig auf einem Backblech ausrollen und mit verquirltem Eigelb bestreichen.
Bei 170 Grad ca. 20 bis 30 Minuten backen (oder etwas länger).
Unmittelbar nach dem Backen in gitterförmige
Stücke schneiden
Auf dem Blech erkalten lassen.

WEIHNACHTEN IN ALLER WELT

25

WUSSTEST DU?

- dass die Kinder in *Griechenland* mit Trommeln und Glocken durch die Straßen ziehen und Lieder singen? Sie bekommen dabei kleine Geschenke. Erst in der Silvesternacht ist die »große Bescherung«. Da wird der Weihnachtskuchen gegessen, in dem eine Münze steckt. Wer sie bekommt, hat Glück im neuen Jahr.
- dass in *Italien* die Krippen viel wichtiger sind als der Weihnachtsbaum?
- dass in *Kenia* die Kinder das Haus putzen und schmücken und das Weihnachtsessen vorbereiten?
- dass in der *Ukraine* Weihnachten am 6. Januar, am Fest der Heiligen Drei Könige, gefeiert wird. Zuvor ist die Fastenzeit, die am 6. Januar endet. Am Abend bereitet die ganze Familie 12 Gerichte zu, die an die 12 Apostel erinnern. Es gibt auch Borschtsch, eine Rote-Beete-Suppe. Unter die Tischdecke wird Heu gelegt; dies erinnert daran, dass Jesus in einem Stall geboren wurde. Die Geschenke bringt Väterchen Frost in der Silvesternacht.
- dass es in *Bolivien* den Brauch der neuntägigen Prosada gibt, einer Prozession. Singend ziehen die Kinder von Haus zu Haus und erinnern an die Herbergssuche. Die Häuser werden mit Palmzweigen, Girlanden und Lichterketten geschmückt. Am Weihnachtsmorgen wird gemeinsam eine Art »Krapfen« gebacken.
- dass in *Indien* in vielen Dörfern und Gemeinden vor die Kirchen- und Haustüren schöne Bilder auf den Boden gemalt werden. Sie heißen »Rangoli«.
- dass im *Libanon* die Kinder zwei Wochen vor dem Fest ein kleines »Gärtchen« anlegen und darin Bohnen- oder Linsensamen pflanzen. Mit den grünen Keimlingen verzieren sie ihre Krippen.
- dass es in *Peru* den Panetòn, einen Kuchen mit Früchten, gibt, der mit heißer Schokolade gegessen wird.
- dass in *Australien* sich die Kinder gegenseitig kleine Geschenke machen. Oft ist ein »Candy Cane« mit dabei, eine rot-weiß gestreifte Zuckerstange, gekrümmt wie ein Hirtenstab. Dreht man ihn um, ist es ein »J« für Jesus, dessen Geburtsfest an Weihnachten gefeiert wird. Legt man zwei »Candy Canes« aneinander, bildet sich ein Herz. Auch isst man gern selbst gepflückte Kirschen, denn es hat oft um diese Zeit 30 Grad im Schatten.

Joyeux Noël
Merry Christmas
Feliz Navidad
Buon Natale

WEIHNACHTSCRACKER SELBER MACHEN

Weihnachtscracker haben in England eine lange Tradition. Bei der Feier bekommt jeder Gast einen Cracker an seinen Platz gelegt und kann sich, vor oder nach dem Essen, an kleinen Überraschungen erfreuen.

Du brauchst:

- eine leere Rolle Toilettenpapier
- Schere, Klebstoff, Krepp- oder Seidenpapier, Band

So geht's:

1. Schneide ein Stück Krepp- oder Seidenpapier in der Größe 30 x 18 cm und klebe es um die Papierrolle.
2. Fülle die Rolle mit einer Botschaft, einem kleinen Geschenk (einer einfachen Papierkrone oder Konfetti).
3. Binde die Enden mit einer Schnur zusammen.

Zum Öffnen fest an beiden Seiten ziehen, bis das Papier reißt und der Inhalt herausfällt. Entweder allein oder zu zweit ziehen.

Sretan Božić (kroatisch)
Merry Christmas (englisch)
Buorra Juovla (samisch)
God jul (dänisch, schwedisch, norwegisch)
Crăciun Fericit (rumänisch)
Buon Natale (italienisch)
חג מולד שמח (hebräisch)
Mutlu Noeller (türkisch)
Feliz Navidad (spanisch)
Boldog karácsonyt (ungarisch)
Весела Коледа (bulgarisch)
Joyeux Noël (französisch)
Wesołych Świąt (polnisch)
圣□快□ (chinesisch)
Veselé Vánoce (tschechisch)
Hyvää joulua (finnisch)
Καλά χριστούγεννα (griechisch)
Nollick Ghennal (manx)
Nollaig shonas (irisch)
Gleðileg jól (isländisch)
Счастливого Рождества! (russisch)
Krismasi Njema (suaheli)
メリークリスマス (japanisch)
Vrolijk Kerstfeest (niederländisch)

WUSSTEST DU, DASS HEUTE DIE

Raunächte

beginnen?

Sie haben ihren Ursprung in vorchristlicher Zeit und werden auch die 12 heiligen Nächte genannt. Mit den verschiedensten Bräuchen wird das Alte verabschiedet und das Neue willkommen geheißen.
Sie beginnen am 25.12. und enden am 6.1., es sind die 12 Weihnachtsfeiertage zwischen den Jahren.

Viele Sagen und Mythen erzählen davon, dass in den kalten und stürmischen Winternächten böse Mächte ihr Unwesen treiben.

Die Raunächte galten früher als heilige Nächte, in denen nicht gearbeitet wurde. Es ist eine Zeit der Besinnung und des Neubeginns, Mensch und Natur halten inne.

26
Frieden
auf Erden

und den
Menschen

ein Wohlgefallen

Friede

Pace

PEACE

Wenn die Macht der Liebe
die Liebe zur Macht übersteigt,
erst dann wird die Welt endlich wissen,
was Frieden ist.

Jimmy Hendrix

EINE FRIEDENSKERZE SELBER MACHEN

Du brauchst:

eine große weiße Stumpenkerze, Kerzenpen

Schreibe auf die Kerze das Wort Frieden in unterschiedlichen Sprachen und bemale sie mit einer Taube oder anderen Friedenssymbolen.

So heißt Frieden in anderen Sprachen:
VREDE (niederländisch), PEACE (englisch), PAZ (spanisch) EIPHNH (griechisch), PACE (italienisch), PAIX (französisch), PAX (lateinisch) מולש (hebräisch), FRED (dänisch/schwedisch) …

Friede
PACE
Peace

WEM GEHÖRT DER SCHNEE?

27

Wenn es schneit in Jerusalem, wundern sich die Kamele. Die Kirchtürme bekommen weiße Spitzen. Der Felsendom eine weiße Mütze und die Klagemauer eine weiße Decke.
Die Kinder freuen sich, denn sie haben schulfrei, wenn es schneit.
Aber es schneit nur sehr selten in Jerusalem. Letzte Nacht hat es geschneit.
Am Morgen eilen die Soldaten, die Händler, die Gläubigen, die Pilger und die Touristen durch die schneebedeckten Gassen.
Die Soldaten tragen ihre Waffen, die Nonnen schürzen ihre Röcke, die Gläubigen halten ihre Hüte fest, und die Touristen machen Bilder.
Die Kirchenglocken läuten, der Muezzin ruft, die Händler bieten ihre Waren feil. Die Kinder spielen in den Gassen und teilen den kostbaren Schnee auf.
»Da darfst du hin«, sagt Samir zu Rafi.
»Da ist die Grenze.« Mira zeichnet mit einem Stock eine Linie durch den Schnee.
Rafi, Mira und Samir häufen Schnee auf und bewachen ihn. Aber der Schnee schmilzt.
»Gib mir was von deinem Schnee!«, ruft Rafi.
»Nein, das ist meiner!«, sagt Mira.
»Nein, meiner!«, ruft Samir.
»Wem gehört der Schnee?«, fragt Rafi.
»Mir«, sagt Samir.
»Woher kommt der Schnee?«, fragt Mira.
»Wer hat den Schnee gemacht?«
»Mein Gott hat es schneien lassen!«, sagt Rafi.
»Mein Gott war das!«, sagt Mira.
»Mein Gott«, sagt Samir, »der ist nämlich der echte. Mir gehört der Schnee!«
»Nein, mir«, sagt Rafi, »mein Gott ist der echteste!«
»Dein Schnee ist nicht der richtige, mein Gott ist der echte!«, sagt Mira.
»Mein Schnee ist besser als deiner«, behauptet Rafi.
»Mein Schnee ist der beste von allen«, verkündet Samir.
Die Kinder betrachten den Schnee in ihren Händen. Sie können keinen Unterschied erkennen, aber es muss doch einen Unterschied geben.

Mein Schnee ist besser
ls Deiner!
Nein Mir, mein Gott ist der echteste!
Mein Gott hat es schneien lassen!
Mein Schnee ist nicht! Mein Gott ist der richtige der echte!
Mein Gott, der ist nämlich der echte!
Mir gehört der Schnee!

Der Schnee ist weiß. Einfach weiß.
»Wir müssen herausfinden, welcher Schnee der echte ist«, sagt Mira.
»Und wem er gehört«, sagt Rafi.
»Ich frag den Imam«, sagt Samir, »der weiß die Antwort!« Er läuft mit dem Schnee in den Händen zur Moschee.
»Ich frag den Priester«, sagt Mira, »der weiß die Antwort.« Sie rennt mit einer Mütze voll Schnee zur Kirche.
»Ich frag den Rabbi«, sagt Rafi. Er füllt seinen Rucksack voll mit Schnee und rennt zur Synagoge.
»Nun zeig mir den Schnee«, sagt der Imam.
Doch Samir hält nur Wasser in den Händen.
»Nun zeig mir den Schnee«, sagt der Priester.
Doch Mira hält nur eine nasse Mütze in der Hand.
»Nun zeig mir den Schnee«, sagt der Rabbi.
Doch Rafi hält nur noch einen tropfenden Rucksack in den Händen.
»Der Schnee hat ein Geheimnis«, sagt der Rabbi.
Der Imam sagt: »Ein Geheimnis wie Gott! Er ist da, er lässt sich nicht festhalten.«
»Wenn man versucht, das Geheimnis zu beweisen, verliert man es«, sagt der Priester.
Die Kinder sind traurig. Mit leeren Händen kehren sie in die Gasse zurück.
Auf den Steinen fließen nur noch Rinnsale.
»Wo ist der Schnee hin?«, fragt Mira.
»Wir hätten uns an ihm freuen sollen«, sagt Rafi, »solange er da war.«
»Wir hätten mit ihm spielen sollen«, sagt Samir.
»Jetzt ist er weg«, sagt Mira.
»Und niemand weiß, wann er wiederkommt.«
Denn es schneit nur sehr selten in Jerusalem, das wissen alle.
Es wird schon Abend. Nachdenklich kehren die Kinder in ihre Häuser zurück.
Plötzlich fängt es wieder an zu schneien.
Alle rennen nach draußen und staunen.
Der Rabbi, der Imam und der Priester, die Soldaten, die Gläubigen, die Pilger, die Touristen, die Tiere, die Händler, sogar die Rosen schauen nach oben und staunen.
Es ist so still, es gibt genug Schnee für alle.

Wie fühlst du Schnee?

Vermisst du den Schnee?

Wann wird der Regen zu Schnee?

Hast du Sehnsucht nach Schnee?

*Der Schnee hat ein Geheimnis. Kennst du es?**

* das ist das Geheimnis des Schnees.

HAST DU LUST, MIT SONNENLICHT ZU EXPERIMENTIEREN
UND EIN »FOTOGRAMM« ZU ERSTELLEN?

DAS IST GANZ EINFACH, MACHT UNGLAUBLICH SPASS
UND FÜHLT SICH AN WIE EIN KLEINES WUNDER.

Du brauchst:

Solar-Fotopapier, Sonnenlicht, Leitungswasser und lichtundurchlässige Dinge, um sie auf das Papier zu legen (z.B. Blätter, selbst gemachte Scherenschnitte, Gegenstände ...).

So geht's:

1. Gegenstände vorbereiten oder suchen, die du auf das Papier legen möchtest.
2. Das Solar-Fotopapier aus der lichtundurchlässigen Hülle nehmen, auf eine feste Unterlage geben und die Gegenstände auf der blauen Seite anordnen.
3. Die Vorlage im Freien ins Sonnenlicht legen und warten, bis sich das Papier ganz hell verfärbt hat.
4. Die Gegenstände vom Fotopapier nehmen. Das Papier in ein Wasserbad legen und warten, bis es sich wieder verfärbt.
5. Fertig! Zum Trocknen auf eine flache Unterlage legen.

Kleiner Tipp: Sollte es draußen mal zu windig sein und dir die Gegenstände vom Blatt wehen, kannst du über alles eine Frischhaltefolie legen und mit Steinen fixieren.

WAS DRAUSSEN ALLES GESCHIEHT?

Wen kennst du? Das Rotkehlchen, die Blaumeise, die Amsel kommen ans Fenster …

Weißt du, ob die Tiere Winterschlaf halten?
Der Igel schläft kräftig genährt unter Laubhaufen und Reisig.
Eichhörnchen und Dachs verlassen immer wieder ihren Schlafplatz, um Futter zu holen.
Der Maulwurf schläft nicht.
Eidechsen, Maulwürfe, Kröten und Frösche fallen in Winterstarre.
Die Schnecken verschließen ihr Haus mit Schleim.
An geschützten Stellen überwintern Eier, Larven und Puppen.

Die meisten Schmetterlinge sterben, nur Tagpfauenauge, kleiner und großer Fuchs, Trauermantel und Zitronenfalter nicht.
Marienkäfer überwintern.

Du brauchst:

- Tontopf (Durchmesser 10–15 cm). Wenn du keinen hast, kannst du auch eine halbe getrocknete ausgeschälte, getrocknete Orange oder Kokosnuss oder Ähnliches nehmen.
- einen stabilen Zweig (länger als das zu befüllende Gefäß hoch ist)
- einen festen Strick
- Kochtopf
- Schere

Für die Futtermischung:

Zutaten:
- Fett (z. B. Kokosfett)
- Sonnenblumenkerne, Nüsse, Leinsamen, Haferflocken

Du benötigst die gleiche Menge Fett wie Futter. Die Menge, die du insgesamt benötigst, richtet sich nach der Größe des Topfs oder wie viel Futterglocken man herstellen will.

Zubereitung:

- Das Fett langsam in einem Topf erhitzen, bis es flüssig ist. Es soll nicht kochen!
- Körnermischung dazugeben und umrühren.
- Masse abkühlen lassen, bis sie zähflüssig wird.

Während die Futtermasse abkühlt, kannst du den Tontopf vorbereiten.

Binde ein Stück Strick am Ende des Astes fest. Fädel den Strick nun durch das Loch auf der Unterseite des Topfes, damit du die Glocke später daran aufhängen kannst. Der Zweig hilft den Vögeln, leichter an das Futter in der Glocke zu kommen.

- Die leicht abgekühlte Futtermasse nun vorsichtig in den Tontopf füllen. Der Zweig sollte dabei in der Mitte bleiben.
- Die befüllte Futterglocke an einem kühlen Ort auskühlen und fest werden lassen.
- Die fertige Futterglocke im Garten oder auf dem Balkon aufhängen und sich über die Ankunft der Vögel freuen.

Die Vögel freuen sich,
wenn du ihnen hilfst,
Nahrung zu finden.
Im Sommer belohnen sie dich
dafür mit ihrem Gesang und
fressen die lästigen Mücken auf.

ROSIE UND DER RIESE

29

Der Frühlingswind pfiff um die Ecken von Haselbach. Frau Wirsing stand unter ihrem grünen Sonnenschirm. Vor dem Rathaus spielte der Grünschnabel Joschi auf seinem Akkordeon, Julian briet fette Würstchen, und Frau Rollmops pries laut ihre Heringe an.
Wo bleibt nur die Rosie mit den Blumen?, dachte Frau Wirsing ungehalten und schaute sich suchend um.
Auf einmal verfinsterte sich alles um sie her. Eine riesenhafte Hand griff nach Frau Wirsings schönstem Blumenkohl, und dann wurde sie von zwei kräftigen Armen durch die Luft gewirbelt.
»Hoho! Wie gefällt Ihnen das? Eine Karussellfahrt für den Blumenkohl!«, brüllte ihr jemand ins Ohr.
Mehr tot als lebendig kam sie wieder auf dem Boden an.
»Zu Hilfe!«, schrie sie mit letzter Kraft. »Ein Riese!«
Der ging gerade auf Julians Bude zu und machte sich über die Bratwürste her.
Zufrieden brummte er: »Schmeckt besser als Ochsenfrosch.«
»Meine Würste!«, brüllte Julian und stieß in der Aufregung seine Kasse um. Frau Rollmops ließ ihre Heringe im Stich und flüchtete zur Polizeistation.
»Ein Riese!«, schrie der Grünschnabel Joschi begeistert. »Ein Riese ist in der Stadt!«
Wie ein Lauffeuer verbreitete sich die Nachricht überall.
»Ein Riese, ein Riese!«, tönte es in einem fort.
Ganz Haselbach war in heller Aufregung, als Rosie mit ihren Blumen auf dem Markt erschien. Der lange Isidor flüsterte Rosie vertraulich ins Ohr:
»Der Riese hat einen Löwenkopf!«
Ein komischer Kerl muss das sein, dachte Rosie und lachte laut.
Empört starrten die Leute sie an. Was war denn mit Rosie los?
Sie schwenkte übermütig ihren Hut und sang:
»Wer hat Angst vorm Riesen?«
»Wenn er aber kommt und einem die Würste stiehlt?«, rief Julian.
»Und mir den schönsten Blumenkohl?«, klagte Frau Wirsing.
»Dann«, sagte Rosie leise, »ja dann?«

Sie sah sich fragend nach dem Grünschnabel Joschi um.
Der zwinkerte ihr mit den Augen zu und spielte den Riesenmarsch.
Da beschloss Rosie, in den Wald zu gehen.
»Riesen wohnen im Wald!«, sagte sie und wanderte über die hölzerne Brücke in den Wald.
Sie kletterte über Baumwurzeln und Brombeergestrüpp, und als sie müde war, setzte sie sich hin.
»Wo steckt er nur?«, sagte sie verdrossen.
»Wer?«, fragte der Riese und blickte sie freundlich an.
Erschrocken sprang Rosie auf. Ausgerechnet ein Riesenbein hatte sie sich als Sitzplatz ausgesucht!
»Ich bin Rosie«, stotterte sie verwirrt, »die Rosie aus Haselbach.«
»Theobald, hab die Ehre«, erwiderte der Riese. »Hast du keine Angst vor mir?«
»Ach«, sagte Rosie, »schau dir nur deine zerfetzte Hose an!« Rosie zog einen roten Flicken aus ihrer Jackentasche. »Zu klein«, sagte sie und steckte ihn wieder ein.
Da schwieg der Riese.
Es begann zu regnen.
»Mein Hut wird nass«, sagte Rosie. »Du hast doch sicher eine Höhle?«
Der Riese nickte. »Klettere auf meinen Rücken, ich zeig sie dir.«
Mit Riesenschritten trug er Rosie durch den Wald.
Wie leicht sie ist, und sie hält sich an mir fest, dachte der Riese Theobald und pfiff ein Lied.
Theobald spürte den Regen nicht. Aber er hörte die Vögel singen.
»Wir sind da«, sagte er.
Rosie rutschte vergnügt seinen Rücken hinunter.
Dann führte Theobald sie in seine Höhle.
»Es brennt gar kein Feuer, an dem man sich wärmen kann«, sagte Rosie.
Da machte der Riese ein Feuer und setzte Wasser auf. Dann begann er Schattentiere an die Wand zu zaubern.
»Ein Hahn … ein Fuchs!«, rief Rosie und ballte ihre Hand zur Faust, streckte zwei Finger in die Höhe und sagte: »Ein Hase!«
»Aufgepasst«, antwortete Theobald, »nun sagen sich Fuchs und Hase Gute Nacht.«
Rosie rief lachend: »Schau, da tanzen sie!«
Dann setzten Rosie und der Riese sich ans Feuer, tranken Tee, und die Zeit verging wie im Flug.

»Ich glaube, es hat aufgehört zu regnen«, sagte Theobald und hob Rosie auf seine Schultern.
Bei der Brücke trennten sie sich. Rosie lief nach Haselbach, und der Riese verschwand wieder im Wald.
Als Theobald zurück in seine Höhle kam, erschien sie ihm kalt und leer.
Die halbe Nacht saß er grübelnd vor dem verlöschenden Feuer. Und als der Morgen graute, beschloss er, in die Stadt zu gehen.
»Mal sehen, was die Rosie treibt«, sagte er sich.
Die Sonne schien wieder in Haselbach. Als Rosie mit den Blumen auf dem Markt erschien, deutete Joschi mit dem Kopf auf die Würstchenbude.
Rosie traute ihren Augen kaum. Hinter Julians Bude stand Theobald!
Sie rannte auf ihn zu, ergriff seine große Hand und flüsterte:
»Nichts wie weg hier!«
Doch schon schrie Julian: »Rosie, was machst du mit dem Kerl an der Hand?«

»Tanzen!«, rief der Grünschnabel Joschi vergnügt. »Ich führ euch an!«
Mitten auf dem Platz fing Joschi zu tanzen an.
»Also, tanzen wir?«, flüsterte Rosie dem Riesen zu. »Es ist gar nicht schwer.«
Der Riese bückte sich, Rosie schlang ihre Arme um seinen Hals, und ganz vorsichtig setzte Theobald ein Bein vor das andere.
»Einmal hin, einmal her, rundherum das ist nicht schwer!«, sang Rosie.
Da wurde es dem Riesen leicht ums Herz. Fröhlich wiegte er sich mit Rosie im Takt, und schon tanzten sie hinter Joschi her.
»Tanzen!«, rief auf einmal die Gemüsefrau.
»Ja, tanzen wir, Frau Wirsing!«, antwortete Julian vergnügt und fasste sie an den Händen.
Es dauerte nicht lange, da tanzte doch wirklich und wahrhaftig halb Haselbach. Seit jenem Tag hatten die Leute keine Angst mehr vor Riesen.

LUST AUF EIN SCHATTENTHEATER WIE ROSIE UND DER RIESE?

Du brauchst:

- deine Hände und deinen Körper
- einen Lichtstrahl (z. B. von der Taschenlampe oder einem Scheinwerfer)
- eine weiße Fläche (z. B. Wand oder ein Leintuch), um deine Schatten zu projizieren.

So geht's:

Denk dir eine Geschichte aus, die du gerne spielen möchtest. Vielleicht findest du in diesem Buch eine, die dir gefällt, und spiele sie nach, indem du mit Händen und deinem Körper Figuren formst.

Wenn du es aufwendiger gestalten möchtest, kannst du dir aus Pappe Figuren ausschneiden, an Holzspießen oder dünnen Stäben befestigen und vor dem Licht tanzen lassen.

30

Straßen und Wege und Orte hinterlassen Spuren.
Manchmal laufen wir durch das Paradies zu Herrn Glück,
manchmal aber auch in die andere Richtung:
durch Dürre und Ewigkeit.

Dürre
HERR Glück
Ewigkeit

LEBEN
SCHWEBEN

TRÄUMEN
Vicenza
Venedig
Etsch
GEHEIMNIS WIE GOTT

Wenn einer in den Himmel hinaufstiege
und die Natur der Welt und die Schönheit der Gestirne erschaute,
so wäre doch der wundersame Anblick ohne Reiz für ihn,
er wäre aber höchst erfreulich, wenn er nur einen hätte, dem er davon erzählen könnte.

Cicero

WEM würdest du gerne davon erzählen?
Was war schön in diesem Jahr?
Was wünschst du dir für das neue?

ABENTEUER • GUTE FREUNDE • LIEBE
IDEEN • FERIEN • SOMMER • SCHNEE • KUNTERBUNTES
VIEL GLÜCK • GESUNDHEIT • TRÄUME
WÜNSCHE • FREUDE • SONNE • FLÜGEL • REGENBOGEN
1
2
3

Zusammen gemütlich am Feuer sitzen, sich Geschichten erzählen und auf das Jahr zurückblicken.

Was hat dir am besten gefallen, was war nicht so schön …

STOCKBROTTEIG

Zutaten:

500 g Brotmehl
1 Würfel Hefe oder Trockenhefe
1 Prise Salz
250 ml lauwarmes Wasser
3 EL Olivenöl

Das Mehl in eine Schüssel geben, mit einem Löffel eine Mulde formen. Die Hefe hineingeben und mit lauwarmem Wasser einen Vorteig anrühren. Kurz stehen lassen. Danach die restlichen Zutaten zufügen und zu einem Teig verkneten, bis er Blasen wirft. Wenn der Teig zu feucht ist, noch etwas Mehl hinzufügen. Ist er zu fest, noch etwas Wasser hinzugeben.
Eine Stunde ruhen lassen.

Den Teig um saubere Stecken wickeln und über dem offenen Feuer zu Brot backen.

KINDERPUNSCH

Zutaten:

1,5 Liter Apfelsaft
1 Liter Orangensaft
1 Stange Zimt
5 Gewürznelken

Alles zusammen in einem Topf erhitzen und kurz ziehen lassen.
Danach in Becher füllen und genießen!

31

SILVESTER

Der letzte Tag

im alten Jahr!

Ein Stern
für dich
dass er dich behüte
bewahre
bestärke
beglücke
auf den Wegen
des neuen Jahres

DIE MITTERNACHT DES JAHRESWECHSELS IN GESELLSCHAFT VERBRINGEN.

Spiele für den Abend:

Bleigießen
oder
kleine Jahresrückschau
(dafür brauchst du Zettel, Stifte und ein Säckchen oder eine Schachtel)

So geht's:

Jeder schreibt ein oder mehrere schöne Erlebnisse des vergangenen Jahres auf einen oder mehrere Zettel. Die Zettel falten und in einem Säckchen oder einer Box sammeln. Wenn ihr alle bereit seid, z. B. kurz vor Mitternacht, dürfen alle Gäste einen oder mehrere Zettel aus dem Säckchen ziehen und nacheinander vorlesen.

Wusstest du, dass man die Raketen und die Böller symbolisch abschießt, um die bösen Geister zu vertreiben?

Anstelle von lauten Krachern kannst du auch eine Teebeutelrakete steigen lassen.

Dafür brauchst du eine erwachsene Person, die dir mit dem Feuerzeug behilflich ist,
und einen Papierteebeutel.
Inhalt des Teebeutels in eine Tasse geben und für später aufbewahren. Den offenen Teebeutel in Form eines Zylinders auf einen Unterteller stellen, sich einen Wunsch denken, anzünden und der kleinen Wunschrakete beim Steigen und Erlöschen zusehen. Am besten draußen machen, wenn es windstill ist, damit nichts anbrennt.

Du brauchst:

- Stecken aus dem Wald oder Wäscheklammern,
- Federn,
- Draht,
- Schnur zum Aufhängen,
- leeres Teelicht oder festes Papier,
- Perlen, Knöpfe, Stifte, Stoffreste
- und und und

So geht's:

Aus dem Metall des Teelichts oder dickem Papier Flügel schneiden oder aus Draht welche biegen. Die Flügel mit dünnem Draht um die Stecken wickeln und an der Vorderseite mit Perlen, Knöpfen usw. fixieren. Wer mag, kann auch Federn als Flügel nehmen und hinten eine Schnur zum Aufhängen befestigen.
Zum Schluss dem Engel noch ein Gesicht malen und einen guten Wunsch dranhängen.

Wer keine Stecken findet, kann das Gleiche auch mit Wäscheklammern machen.
Diese kann man auch sogar noch ganz leicht an einen Ast oder ein Geschenk klemmen.

EIN ENGEL FÜR DAS JAHR MIT GUTEN WÜNSCHEN

HERR GLÜCK

Eines Tages
öffnete Herr Glück die Tür.
Guten Tag, sagte Herr Glück.
Was suchen Sie?
Ich wusste es nicht und schwieg.
Dann blieb ich auf der Schwelle
stehen, lange,
während Herr Glück die Tür schloss.
Es begann zu regnen.
Herr Glück, flüsterte ich, Herr Glück.
Eines Tages werde ich wiederkommen,
meinen Fuß in die Tür stellen
und dann das richtige
Wort sagen.
Vielleicht wird die Sonne scheinen …
es schneien …
der Abendwind durch die Blätter tanzen …
Vielleicht wird es auch eine sternklare Nacht sein,
wenn ich wiederkomme.
Ich wandte mich um
und machte mich auf den Weg.
Und Herr Glück wartete,
er wartete hinter der halb geöffneten Tür.

NEUJAHRSBREZEL (EIN ALEMANNISCHER BRAUCH)

Zutaten für 2 Stück:

290 ml lauwarme Milch
1 Würfel Hefe
600 g Mehl
70 g Zucker
1 Vanillezucker
90 g weiche Butter
1 Prise Salz
1 Eigelb zum Bestreichen

150 g Rosinen (wer mag)

Zubereitung:

Das Mehl in die Rührschüssel geben und eine tiefe Mulde hineindrücken. Dort hinein die Hefe zerbröseln, 1 TL Zucker darüber, mit lauwarmer Milch aufgießen und verrühren. Ca. 15 Minuten gehen lassen.
Dann die restlichen Zutaten hinzufügen und kräftig durchkneten, bis der Teig Blasen wirft.
Noch mal auf einer bemehlten Arbeitsfläche durchkneten und zu einer Kugel formen.
Den Teig in zwei Hälften aufteilen.
Eine Hälfte mit Rosinen verkneten. Die andere Hälfte ohne lassen.
Für 5 Minuten unter einem Küchentuch ruhen lassen.

Je eine Kugel in drei gleiche Teigstücke aufteilen und sie vorsichtig zu drei Teigsträngen, so lang wie ein Backblech, rollen.
Die drei Stränge zu einem Zopf flechten und die Enden zusammendrücken.
Den geflochtenen Teigstrang zu einer Brezel formen und auf ein mit Backpapier belegtes Blech legen. Das Gleiche machst du mit der zweiten Teigkugel. Weil die Brezeln so groß sind, brauchst du zwei Bleche. Die Brezeln auf dem Blech für 30 Minuten ruhen lassen.
In der Zwischenzeit den Ofen auf 180° C vorheizen.
Die Brezeln mit Eigelb bestreichen, evtl. mit Hagelzucker bestreuen und noch mal 5 Minuten ruhen lassen.
Anschließend für 20–25 Minuten im Ofen backen.

freuen,

lachen,

O Mensch, lerne tanzen,
sonst wissen die Engel im
Himmel mit dir nichts
anzufangen.
Man muss jeden Tag tanzen
und wäre es nur in Gedanken.

Rabbi Nachman

tanzen

BONGOS SELBER MACHEN

Bongos sind Trommeln. Man findet sie aus verschiedenen Materialien und in unterschiedlichen Formen in fast allen Ländern der Erde.

Du brauchst:

Runde Behälter, wie Blechdosen, Wasserbehälter oder Plastikeimer, Acrylfarbe oder Klebebänder.

So geht's:

Die Behälter mit Acrylfarbe bemalen oder bekleben. Wenn alles gut getrocknet ist, die Trommel umdrehen. Mit den Fingern und Handflächen auf den Boden der Behälter trommeln.

Wenn du die Trommeln zwischen die Knie klemmst, ist der Klang anders, als wenn du sie auf dem Boden abstellst.
Damit du sofort einen Rhythmus findest, ist es gut, sich zum Trommeln ein Lied auszudenken, das man stumm in Gedanken mitsingt und den Takt dazu schlägt.

DIE VERWANDLUNG

3

Das also ist Leonardo.
Leonardo mit dem Doppelkinn und den vielen Sommersprossen.

Da ist Leonardos Mama. Sie ist sehr beschäftigt.
Da ist Leonardos Papa. Auch er ist sehr beschäftigt.
Da ist Alma. Sie passt auf Leonardo auf, den ganzen Tag.
Sie bringt Leonardo überall hin. In die Schule, zum Klavierunterricht, zum Skifahren, in die Bücherei …
Mama hat keine Zeit. Zeit ist kostbar. Sie läuft ihr regelrecht davon.
Tag für Tag wie die Autos, die Fahrräder.
Sie weiß gar nicht, wie die Zeit vergeht. Sie vergeht im Flug.
Darum beeilt sich Mama, dass sie den Zug noch erwischt, die Straßenbahn oder das Flugzeug.
Mama ruft immer an, wenn sie auf Reisen ist, und dann fragt sie besorgt: »Hallo, wie geht es dir, Leonardo?«
Leonardo antwortet: »Gut!«, und seufzt.
»Hier scheint die Sonne!«, sagt Mama.
»Bei mir regnet es!«, erwidert Leonardo leise.
Leonardo aber hat Zeit, viel Zeit.
Er schaut den Vögeln nach, tanzt Alma auf dem Kopf herum, spielt Häschen zwischen den Bäumen, übt vor dem Spiegel das Grimassenschneiden, liegt lange auf der grünen Wiese im Park und kaut Löwenzahn. Zählt die Schneeflocken im Winter oder malt ein großes Herz an die Fensterscheibe und versteckt Almas roten Schuh.

Heute aber verkriecht sich Leonardo ins Kinderzimmer. Er ist sauer wie eine Zitrone.
»Du hast nie Zeit für mich!«, brüllt Leonardo Mama ins Gesicht. »Nicht einmal an meinem Geburtstag!«
»Du liebe Güte«, sagt Mama. »Der Termin morgen früh ist wirklich eine große Ausnahme, danach feiern wir … ganz bestimmt!«

Leonardo schmollt.
Er ist wütend und traurig zugleich.
Er zieht sich in seine Spielecke zurück.
Und dann kritzelt er auf einem weißen Blatt Papier herum.
Leonardo malt. Ganz versunken malt er eine Gans. »Mama ist eine Gans«, murmelt Leonardo.
Dann malt er Papa als Krokodil.
Alma malt er als Kaninchen.

Schließlich denkt er laut: »Wie schön wäre es doch, wenn auf einmal Mama, Paps und Alma Tiere wären!«
Er schließt für einen Moment die Augen.
Da hört Leonardo seltsame Geräusche aus dem Bad. Es klingt wie das aufgeregte Schnattern einer Gans. Neugierig öffnet er die Tür.
In der vollen Badewanne hüpft flügelschlagend eine Gans herum. Auf dem Klodeckel reckt ein Krokodil verzweifelt seinen Kopf und versucht, in den Spiegel zu schauen.
Leonardo wagt es kaum zu glauben. Waren das Mama und Paps?
Wo war Alma?
Laut rufend rennt er in die Küche. Aber wie sah es in der Küche aus?
Ein halb fertiger Geburtstagskuchen steht auf dem Tisch. Der Herd ist an. Die Nudeln im Topf sind übergekocht und die Pizza im Ofen verbrannt.
Unter dem Küchentisch sitzt ein weißes Kaninchen mit hängenden Ohren und weint.
»Alma!«, ruft er laut, er beugt sich zu dem Kaninchen hinunter: »Bist du Alma?«
Das Kaninchen nickt und schluchzt: »Vor dem Haus steht mein neuer Freund und wartet auf mich!«
Leonardo nimmt Alma behutsam auf den Arm und streicht ihr über das Fell: »Komm, wir gehen zu Mama und Paps!«, sagt er beruhigend. Ihm ist so sonderbar zumute. Was hatte das nur alles zu bedeuten?
Als Alma Mama und Paps erkennt, beginnt sie von Neuem zu weinen.
»Nun beruhig dich doch, Alma! Ich habe nun endgültig meinen Termin verpasst!«, sagt Mama.
»Aber was machen wir jetzt?, erwidert Alma.
»Kommt doch in mein Zimmer!«, bittet Leonardo kleinlaut.
Da klingelt es.
Leonardo öffnet die Tür.
»Wo sind deine Eltern?«, fragt ein Polizist.
»Meine Eltern sind im Augenblick nicht da!«, antwortet Leonardo und wird puterrot im Gesicht. Doch der Polizist bemerkt es nicht.
»Eine Nachbarin sagt, sie hätte ein Krokodil an einem eurer Fenster gesehen, Krokodile bedürfen einer besonderen Genehmigung!«
Leonardo nickt, dann führt er den Polizisten mit klopfendem Herzen durch das Haus.
Auf dem Kinderbett sitzt Alma so erstarrt, dass der Polizist sie für ein Plüschtier hält.

»Was du nur für ein schönes Kaninchen hast«, sagt er anerkennend, »man könnte glauben, es sei echt!«
Sein Blick gleitet auf den Fenstersims. Zum Glück hat er den Schwanz des Krokodils nicht bemerkt und auch nicht den Schnabel der Gans.
Der Polizist entschuldigt sich höflich und verlässt eilig das Haus.
»Endlich sind wir wieder unter uns!«, ruft Leonardo.
»Aber was nun?«, verzweifelt starrt Mama auf das Krokodil.
»Wenn du mich fragst? Ich habe zunächst einen Riesenhunger!«, sagt Paps.
Leonardo versucht für jeden etwas Passendes zum Essen zu finden. Er schaut in seinen dicken Büchern nach: gelbe Rüben für Alma, Körner für Mama und Hühnchen für Paps.

Leonardo gibt sich die größte Mühe. Er deckt den Tisch auf dem Boden.
So schön wie noch nie! Und dann essen sie.
»Wie komisch du dich benimmst, Paps, mit deinem Riesenmaul!«, sagt Leonardo und lacht.
Paps gibt ihm einen Klaps mit dem Schwanz.
»Es hat ganz wunderbar geschmeckt, Leonardo!«, sagt Mama, und Paps stimmt ihr bei.
Sie reckt ihren langen weißen Hals.
Leonardo hält für einen Moment den Atem an, dann blinzelt er ihr zu.
»Erzähl mir doch wieder einmal eine Geschichte!«, sagt er.
»Auf was wartest du, Ma?«, fragt Paps.
Plötzlich geschieht mit Mama etwas Seltsames.
»Einverstanden!«, ruft sie. Sie legt einen ihrer großen weißen Flügel um Leonardo. Plötzlich hat sie Zeit, viel Zeit.
Während sie Leonardo eine Gutenachtgeschichte erzählt, erfindet sie für alle auch noch lustige kleine Spiele. Dabei zupft sie sich die schönsten Federn aus und macht für Leonardo ein Nest.
Dann sucht sich jeder erschöpft einen Ruheplatz für diese Nacht in Leonardos Zimmer.

Als Leonardo am anderen Morgen erwacht, sind die Tiere verschwunden.
Nur das weiße Blatt liegt noch da. Aus der Küche dringt Lärm und aufgeregtes Flüstern.
Es klopft an Leonardos Tür. Mit einer Geburtstagstorte in der Hand erscheinen Mama, Paps und Alma: »Happy Birthday für Leonardo!«, singen sie.

»Du bist doch nicht weggefahren!«, ruft Leonardo überrascht.

»Nein«, erwidert Mama.

»Ich wollte unbedingt deinen Geburtstag mit dir zusammen feiern …«

Und ganz leise fügen Mama und Paps wie erklärend hinzu: »Außerdem hatten wir letzte Nacht einen seltsamen Traum …«

»Ihr auch?«, ruft Leonardo froh.

SCHOKOLOLLIES

Zutaten:

- Schokonikoläuse
- runde Stäbchen wie für Cake-Pops
- Streusel zum Dekorieren (z. B. Kokosflocken, getrocknete essbare Blüten, Nüsse, getrocknete Himbeeren, Zuckerstreusel ...)
- einen kleinen und einen großen Topf
- Backpapier und ein Backblech oder Brett

So geht's:

Das Backpapier auf das Blech oder das Brett auslegen und die Zutaten zum Bestreuen herrichten.
Die Schokoladenikoläuse im Wasserbad erhitzen, eine Butterflocke dazugeben und unter Rühren schmelzen lassen.
Die Lollistäbchen auf das Backpapier legen und den oberen Teil des Stäbchens mit einem Esslöffel geschmolzener Schokolade bedecken.
Zum Schluss die Schokolollies mit den Streuseln Dekorieren und an einem kühlen Ort abkühlen lassen.

DER WUNDERBAUM

Es wird von einem ganz besonderen Baum in Mosambik berichtet.
Nachdem die heftigen Wirbelstürme vorüber waren, blieb an manchen Orten nur noch ein einziger Baum verschont. Es war der *Moringa oleifera*. Da der Hunger groß war, begannen die Menschen von den Blättern des *Moringa* zu essen. Wie erstaunt waren sie aber, als sie entdeckten, dass dieser reich an Nährstoffen war. »Wir haben alles verloren«, sagten sie, »doch der Moringa hat uns gerettet und uns Glück gebracht! Er kann uns helfen. Ist er nicht ein Wunderbaum?«

Moringa oleifera stammt ursprünglich aus Nordindien und gilt auch in Europa als Wunderbaum. Er hält widrigen klimatischen Bedingungen stand und wächst sehr schnell: bis zu 8 Meter innerhalb des ersten Jahres. Die Bäume liefern auch während der Trockenzeit Blätter, die reich an Eiweiß, Mineralien und Vitaminen sind, eine besondere Nahrungsquelle für Schwangere und Kinder, auch wirken Moringaprodukte gegen Bakterien und antientzündlich.

PFLANZE DEINE SAMEN EIN

Mit guten Wünschen und Gedanken,
um sie zu bewahren, zu behalten,
zu hüten und zu pflegen.

Lass es wachsen,
lass dich überraschen,
tu was …

<u>So geht's:</u>

1. Erde in ein Gefäß geben
2. Samenkorn (z. B. von der Sonnenblume) in die Erde legen
3. Gießen und täglich gut feucht halten
4. Geduld haben
5. Den Spross mit Freude begrüßen und weiter hegen und pflegen
6. Später eventuell umtopfen, wenn die Pflanze zu groß wird.

MACH DIR SELBER SAMENTÜTCHEN
UND BEWAHRE ODER VERSCHENKE
DEINE SAMEN MIT GUTEN WÜNSCHEN

Du brauchst:

Papier, Stift, Schere, Klebstoff

So geht's:

- Schneide das Papier in einen 9 x 20 cm breiten Streifen und falte diesen an der langen Seite jeweils 1 cm um.
- Klebe die gefalteten Seiten zusammen. Achte darauf, dass eine Seite etwas länger ist, damit du eine Lasche zum Verschließen hast und dir der Samen nicht hinauspurzelt.
- Die zusammengeklebte Tüte kannst du nach deinem Geschmack und Gefallen, so wie im Beispiel, beschriften.

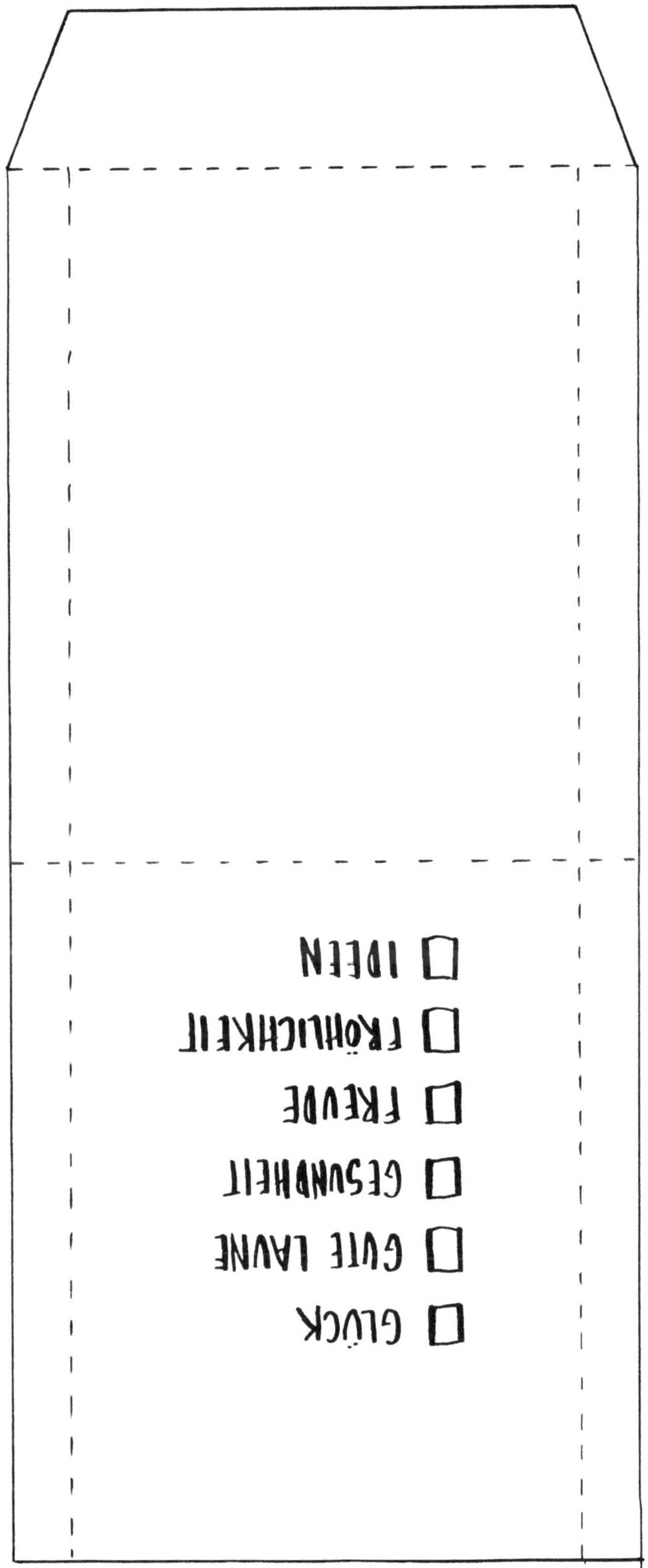

5

ZIRKUSZAUBER

Schnollimäkbolli saß am Fenster. »Nun regnet es«, sagte er zu dem weißen Kater neben sich. Und während er das sagte, sah er seine Schwester mit dem roten Hut an der Straße stehen und winken. Alle nannten sie Madame Wuzel, eigentlich hieß sie Marie.

Madame Wuzel rief ihm etwas zu, das er nicht verstand. Sie fuchtelte wild mit den Armen durch die Luft.

Jetzt sah auch Schnollimäkbolli die himmelblauen Zirkuswagen über den Berg kommen, näher und näher.

»Himmelblaue Zirkuswagen mit Sternen«, flüsterte er verträumt.

Die Zirkuswagen zuckelten die Straße entlang, und dann fuhren sie geradewegs ins Dorf und auf die Wiese.

»Sie stellen das Zelt auf!«, rief Madame Wuzel. »Kommst du mit?«

Sie war acht Jahre und einen halben Tag alt und Schnollimäkbolli erst fünf.

»Ja, ja!«, rief Schnollimäkbolli, und zusammen rannten sie auf die Wiese.

»Pass doch auf!«, schrie Schnollimäkbolli. Beinahe hättest du den Clown umgerannt!«

Aber Madame Wuzel lief weiter.

»Schau doch, Schnollimäkbolli, ein weißes Pony!«, rief Madam Wuzel.

Sie ging auf das Pony zu, schlang ihre Arme um seinen Hals und flüsterte ihm etwas ins Ohr, das Schnollimäkbolli nicht verstand.

»Pass lieber auf deinen Hut auf!«, sagte er.

Plötzlich trat der Zirkusdirektor aus der Wagentür und schrie sie zornig an.

»Kinder haben hier nichts zu suchen. Schert euch fort!«

Erschrocken rannten Madame Wuzel und Schnollimäkbolli hinter den blauen Wagen und versteckten sich und schauten heimlich dem Treiben der Zirkusleute zu.

»Mein Hut! Wo ist mein schöner roter Hut?«, rief Madame Wuzel erschrocken.

»Beim Pony«, sagte Schnollimäkbolli.

»Beim Pony?«, fragte Madame Wuzel. »Und was machen wir jetzt?«

»Nach Hause gehen«, sagte Schnollimäkbolli. »Es fängt zu schneien an.«

Aber da sahen sie, dass das Zelt fertig aufgebaut war. Von allen Seiten kamen Leute herbei.

»Die Vorstellung beginnt!«, rief Madame Wuzel aufgeregt.

Zusammen rannten sie hinüber zum Zirkus.

»Nur hereinspaziert, meine Herrschaften!«, hörten sie den Direktor rufen. »Nur hereinspaziert!«

Und schnell drängten Madame Wuzel und Schnollimäkbolli hinter einer dicken Frau ins Zirkuszelt. Sie ergatterten einen Platz in der ersten Reihe. Der Direktor trat vor das Publikum.

»Den nächsten Tusch, meine sehr verehrten Damen und Herren, machen Sie selbst. Klatschen Sie dreimal in die Hände, stampfen Sie einmal mit dem Fuß. Jawohl meine Herrschaften, wunderbar! Und nun unsere erste Nummer!«

Die Frau Direktor führte das schneeweiße Pony in die Manege und fragte:

»Wer wagt den ersten Ritt?«

»Du!«, flüsterte Schnollimäkbolli.

Madame Wuzel rannte nach vorn. Die Frau Direktor hob sie in den Sattel.

Das weiße Pony trabte an und drehte seine Runden. Während die Kinder klatschten und winkten, flog Madame Wuzel wie verzaubert auf dem Pony durch die himmelblaue Zirkuswelt. Als der Ritt zu Ende war, ging sie ganz benommen auf ihren Platz zurück.

»Wie gut du geritten bist!«, sagte Schnollimäkbolli stolz.

»Lass uns nach Hause gehen«, antwortete Madame Wuzel und zog ihn am Arm mit sich fort.

CIRCUS

An diesem Abend konnte Madame Wuzel nicht einschlafen. Sie ging zum Fenster und sah die bunten Zirkuslichter in der Nacht. Da kam ihr ein Gedanke.
Leise schlich sie zur Tür hinaus, öffnete das Gartentor und rannte durch den frischen Schnee den Berg hinunter zum Zirkuszelt. Madame Wuzel hörte ein leises Wiehern neben sich in der Dunkelheit. Es war ihr weißes Pony.
»Hast du auf mich gewartet?«, fragte sie sanft.
Das Pony stand ganz still, und Madame Wuzel kletterte auf seinen Rücken.
Im selben Augenblick aber öffnete sich das Zirkuszelt, und das Pony galoppierte in die hell erleuchtete Manege. Es machte drei Runden. Die Kapelle spielte einen Tusch, und unter stürmischem Beifall trabte das Pony wieder in die Nacht hinaus.
»Was hast du denn im Maul?«, fragte Madame Wuzel und sprang vom Pony.
Es war ihr roter Hut! Schnell setzte sie ihn auf, schlang beide Arme um den Hals des Ponys und flüsterte:
»Ich danke dir, liebes Pony. Immer wenn ich ihn trage, werde ich an dich denken. Und eines Tages wirst du wiederkommen, nicht wahr?«
Das Pony hob den Kopf und rieb ihn sanft an Madame Wuzels Arm.
»Auf Wiedersehen!«, sagte Madame Wuzel leise. Dann ging sie langsam den Berg hinauf, durchs Gartentor und zurück ins Bett.
Als Schnollimäkbolli am Morgen aus dem Fenster sah, fuhren die himmelblauen Wagen fort.
»Madame Wuzel!«, rief er. »Sie ziehen weiter!«
»Sie kommen wieder«, sagte Madame Wuzel ruhig und richtete sich im Bett auf.
»Bestimmt kommen sie eines Tages wieder, und dann …«
Schnollimäkbolli sah sie fragend an. »Und dann?«
Madame Wuzel hatte ihren roten Hut aufgesetzt und lächelte …

LUST AUF
KNALLBUNTE
WOLLBOMMEL?

Die bunten Wollkugeln machen richtig gute Laune.

Du kannst damit jonglieren üben, sie irgendwo aufnähen, sie auffädeln und deine eigene Zirkusatmosphäre schaffen.

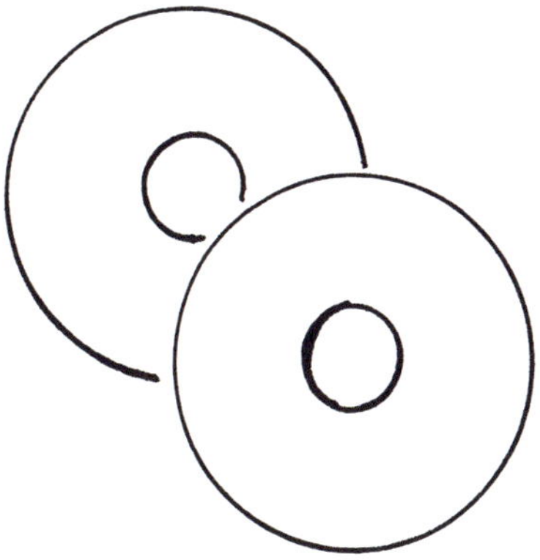

Du brauchst:

Wolle, Schere, 2 runde Pappscheiben mit Loch.
(Die Größe der Pappscheiben bestimmt die Größe des Bommels.)

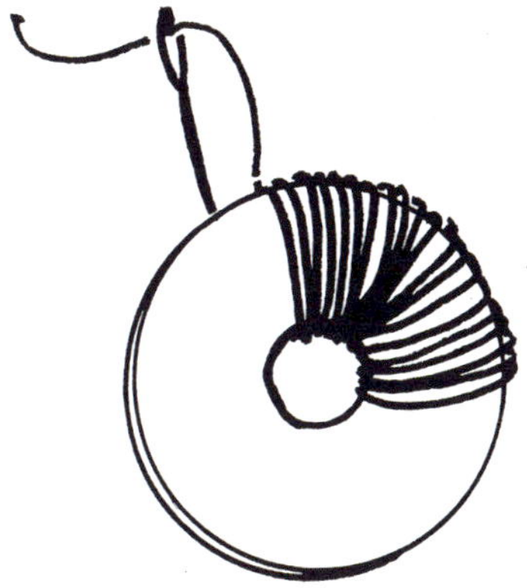

So geht's:

Von der Wolle einen langen Faden abschneiden und die zwei runden Pappscheiben damit umwickeln.

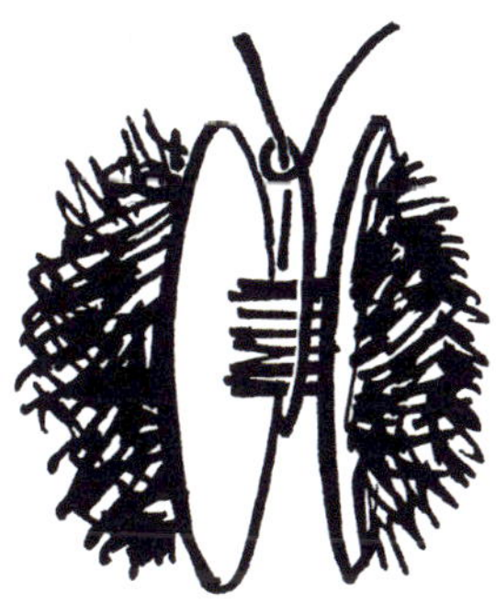

So lange, bis man von den Pappscheiben und dem Loch in der Mitte nichts mehr sieht. Vorsichtig mit der Schere zwischen den beiden Pappscheiben entlangschneiden, bis alles aufgeschnitten ist. Einen Wollfaden zwischen den Pappscheiben vom Rand bis zur Mitte ziehen und ihn gut verknoten. Je nach Verwendung des Bommels ein Stück Faden hängen lassen. Die Pappe entfernen und den Wollbommel zurechtzupfen oder zurechtschneiden.

DIE WEISEN AUS DEM MORGENLAND

Vor langer Zeit lebte in einem fernen Land ein Prophet mit dem Namen Bileam.
Die Menschen achteten auf alle seine Worte und befolgten sie, sogar die Sterndeuter, Bäcker, Schuster, Sattler, Schriftgelehrten, Priester, Weise und Könige.
Eines Tages sagte der Prophet Bileam zu ihnen: »Ein Stern wird aufgehen in der Dunkelheit. Uns wird ein König geboren. Er wird herrschen über alle Völker der Welt.«
Da wunderten sich die Menschen über seine Worte, und sie sagten zueinander: »Was wird das für ein König sein? Einer, der Frieden bringt? Ein Beschützer der Schwachen? Vielleicht hat nun alle Not ein Ende?«
Und sie warteten sehnsüchtig Tag und Nacht auf ein Zeichen am Himmel.
Auch König Melchior.
Viele Jahre vergingen.
Noch immer hielt König Melchior Ausschau nach jenem verheißenen Stern.

Eines Nachts, als er nicht einschlafen konnte, stieg er auf den höchsten Berg seines Landes.
Da sah er einen Stern, der leuchtete heller als alle anderen.
Zu seiner Verwunderung sprach der Stern zu ihm: »Mache dich auf und folge mir. Ich werde dich zu dem neugeborenen König führen. Er ist das Licht der Welt!«
Noch in derselben Nacht machte sich Melchior auf den Weg. Nachdem er die Stadt in größter Eile verlassen hatte, hörte er vor sich lautes Stimmengewirr.
Als er näher ritt, sah er zwei prächtig geschmückte Karawanen vorüberziehen.
»Wo wollt ihr hin in dieser Dunkelheit?«, fragte Melchior.
»Wir sind Kaspar und Balthasar, zwei Könige aus dem Morgenland, und folgen dem Stern, den uns Bileam verheißen hat!«, antworteten sie.
»Ihr auch!«, rief Melchior erstaunt.
Da beschlossen die drei Könige Kaspar, Melchior und Balthasar, gemeinsam weiterzuziehen und dem Stern zu folgen.
Zwölf Nächte und zwölf Tage folgten sie dem Stern. Sie durchquerten die Wüste. Sie fuhren mit einem Schiff über das Meer. Sie ritten über die höchsten Berge.
Dabei dachten sie immer nur an das Kind, den neugeborenen König.

Sie spürten den Hunger nicht und auch nicht den Durst. Sie spürten die Hitze nicht und auch nicht die Kälte. Wie im Traum folgten sie dem Stern. Der zeigte ihnen den Weg.
Vor die Tore Jerusalems führte sie der Stern. Als sie aber durch die Stadttore gingen, umgab sie plötzlich eine große Dunkelheit. Ihr Stern war verschwunden, sosehr sie auch am Himmel nach ihm suchten. Da fragten sie die Leute in der Stadt an allen Plätzen und in allen Gassen:
»Wo ist der neugeborene König? Wir haben seinen Stern gesehen und kommen nun, um ihn anzubeten und ihm unsere Geschenke zu bringen.«
Doch niemand wusste eine Antwort.
Auch den königlichen Palast betraten Kaspar, Melchior und Balthasar mit ihrem Gefolge. Geblendet von seiner Pracht, dachten sie: Bestimmt werden wir hier den neugeborenen König finden!
Als das der König Herodes hörte, erschrak er über die Maßen. Nie und nimmer würde er einen anderen König in seinem Land dulden! Er versammelte alle Weisen, Priester und Schriftgelehrten und fragte sie, wo das Kind, von dem die Könige sprachen, geboren sei.
Da antworteten diese: »Zu Bethlehem im jüdischen Land, so steht es in den alten Schriften!«
Zu den Königen aber sagte Herodes: »Wenn ihr das Kind gefunden habt, dann sagt es mir, damit auch ich hingehen kann, um es anzubeten.« Heimlich beschloss er jedoch, es zu töten.

Wieder machten sich die Könige auf den Weg. Und der Stern zog vor ihnen her bis zu der Stadt Bethlehem. Über einem einsamen Stall blieb er stehen und leuchtete heller als je zuvor.
Vielleicht hat sich der Stern geirrt?, dachte Melchior. Nirgendwo war ein Palast zu sehen.
Doch da sahen sie das Kind, das in einer Krippe lag, zwischen Ochs und Esel. Licht und Wärme strahlten von ihm aus, mehr als von der Sonne.
Da wussten die Könige, dass das Kind der neugeborene König war. Staunend knieten sie vor ihm nieder, und es ergriff sie ein Gefühl großen Glücks. Sie hatten das Kind gefunden.
»Ich habe auf euch gewartet!«, sagte es.
Da nickte Melchior und reichte ihm einen Apfel, der war ganz aus Gold. »Es ist das Kostbarste, was ich habe!«, antwortete er.
Da trat Balthasar zu dem Kind: »Der Weihrauch vertreibt das Böse!«, sagte er und reichte ihm sein Gefäß.

»Und die Myrrhe nimmt alle Schmerzen weg!«, fügte Kaspar hinzu.
»Ein Geheimnis umgibt das Kind«, sagte Melchior.
Balthasar erwiderte: »Ich glaube, es macht alles heil!«
Und Caspar sagte leise: »Es ist das Licht in der Dunkelheit der Welt!«
Während sie aber vor dem Kind knieten und Gott für dieses Wunder dankten, fielen sie in einen leichten Schlummer.
Ein Engel erschien ihnen im Traum und warnte sie: »Kehrt nicht zu König Herodes zurück, denn er führt Böses im Schild!«
Da nahmen die Könige einen anderen Weg ins Morgenland.
König Herodes aber wartete vergeblich auf eine Nachricht von ihnen.

Auch Joseph erschien in derselben Nacht ein Engel, der sprach zu ihm:
»Nimm das Kind und Maria, seine Mutter, und fliehe nach Ägypten!«
Da machten sich Maria und Joseph mit dem Esel auf und flohen noch vor Sonnenaufgang mit dem Kind nach Ägypten. Dort blieben sie so lange, bis Herodes gestorben war.

EPIPHANIAS

Bis heute haben die Menschen nicht aufgehört, die Heiligen Drei Könige in ihren Nöten anzurufen und sie zu verehren.
Am 6. Januar wird an vielen Orten ihrer gedacht mit Liedern, Spielen und Bräuchen. Sie sind die Patrone der Stadt Köln. Dort ruhen sie nun im Dom in einem goldenen Schrein.
In vielen Gegenden ziehen Sternsinger von Haus zu Haus und schreiben einen Segensspruch an die Tür: C+M+B. Die Anfangsbuchstaben der Könige bedeuten auch:
Christus **M**ansionem **B**enedicat,
das heißt: »Christus segne unser Haus.«

In der Schweiz ist es Tradition, an diesem Tag »Dreikönigskuchen« zu essen. Ähnlich wird in Frankreich das »Bohnenkönigsfest« in der Familie gefeiert.

Dabei wird in Frankreich eine Bohne und in der Schweiz ein kleiner König (eine Mandel oder ein Stück Schokolade) in einen Kuchen eingebacken. Derjenige, der das Kuchenstück mit der »Bohne« bekommt, ist für diesen Tag »König« oder »Königin« und erhält für diesen Tag verschiedene Privilegien (oder Sonderrechte) und einen »Hofstaat«.

Es gibt verschiedene Gründe, weshalb in Frankreich eine Bohne eingebacken ist. Zum einen ist sie ganz praktisch auch im Winter, am Dreikönigstag, verfügbar. Zum anderen symbolisiert der Bohnenkern Unsterblichkeit und Segen, und man sagt ihm besondere Kräfte nach. Er steht für das zukünftige Leben und erinnert so an Jesus in der Krippe.

DREIKÖNIGSKUCHEN

Zutaten:

1 Päckchen Trockenhefe
500 g Mehl
250 ml lauwarme Milch
60 g Butter oder Margarine
5 TL Zucker
1 Ei
1 Prise Salz

Zum Bestreichen 1 Eigelb und 1 EL Sahne

Zubereitung:

Das Mehl in die Rührschüssel geben und eine tiefe Mulde hineindrücken. Dort hinein die Hefe zerbröseln, 1 TL Zucker darübergeben und mit lauwarmer Milch aufgießen und verrühren.
Ca. 15 Minuten gehen lassen.
Dann die restlichen Zutaten hinzufügen und kräftig durchkneten, bis der Teig Blasen wirft. Den Teig erneut ca. 1 Stunde an einem warmen Ort gehen lassen.
Danach den Teig vierteln. Aus einem Viertel eine große Kugel formen (für die Mitte des Dreikönigkuchens). Die anderen drei Viertel halbieren und ebenfalls zu Kugeln formen (ergibt 6 kleine Kugeln für rundherum). In eine der kleinen Kugeln den König verstecken (Mandel/Stück Schokolade). Die kleinen Kugeln nun im Kreis an die große Kugel in der Mitte andrücken. Dazu die Klebestellen etwas mit Wasser bepinseln, damit es später besser hält. Den fertig geformten Dreikönigskuchen etwas flachdrücken und aus einer Mischung aus verquirltem Eigelb und Sahne bestreichen. Den Ofen auf 180 Grad vorheizen. In der Zwischenzeit den Dreikönigskuchen nochmals 20 Minuten aufgehen lassen. Erst dann in den Ofen schieben (wird luftiger) und ca. 20–25 Minuten backen. Auskühlen lassen.
Wer will, kann den Kuchen mit Hagelzucker oder Mandelsplittern verzieren.

DREIKÖNIGSKRONE

Du brauchst:

- eine leere Toilettenpapierrolle,
- Goldfarbe zum Anmalen,
- ein Gummiband
- eventuell noch Knöpfe oder Pailletten zum Verzieren

So geht's:

In die Toilettenpapierrolle auf eine Seite Zacken schneiden und anmalen.
Nachdem die Farbe getrocknet ist, eventuell noch verzieren und an der Unterkante gegenüberliegend je zwei Löcher machen und das Gummiband durchziehen und dem König aufsetzen.

Oder sehr viel einfacher:

Du schneidest aus einem 12 x 50 cm langen Papierstreifen Zacken, passt sie deiner Kopfgröße an und verschließt sie mit einem Klebestreifen oder einer Büroklammer. Wenn du magst, nimmst du buntes Papier und verzierst die Krone mit Klebebändern oder malst sie an.

ADVENTSQUIZ

1. Wie heißt das Dreikönigsfest noch?

- ☐ Epiphanias
- ☐ Evangelistos
- ☐ Ephrahim

2. Was bedeuten die Anfangsbuchstaben C+M+B?

- ☐ Caspar, Melchior, Balthasar
- ☐ Christus Mansionem Benedicat
- ☐ Cäsar, Melchior, Balthasar

3. Was heißt Frohe Weihnachten auf Schwedisch?

- ☐ Joyeux Noel
- ☐ God Jul
- ☐ Merry Christmas

4. Mit wem beginnt die Weihnachtsgeschichte?

☐ mit einem Engel
☐ mit den Hirten
☐ mit Jesus

5. Am 4. Dezember ist Barbaratag.
Viele holen sich einen Zweig aus dem Garten.
Was für einen?

☐ Tannenzweig
☐ Mistelzweig
☐ Kirschblütenzweig

6. Woran erinnert der Weihnachtsbaum?

☐ an den Baum im Paradiesgarten
☐ an Weihnachten
☐ an den Schwarzwald

Lösung: 1. Epiphanius/ 2. Christus Mansionem Benedicat/ 3. God Jul/4. Mit einem Engel/5. Kirschzweig/ 6. an den Baum im Paradiesgarten

INHALT

GESCHICHTEN, GEDICHTE UND LIEDER

Advent ist 6
Oscars Weihnachtsbaum 12
Der erste Schnee 18
An Barbara 24
Legende der heiligen Barbara 25
Es kommt ein Schiff geladen 31
Nikolaustag 34
Lass uns singen, dir, schöner Stern 46
Fips und Pips 50
Für Wunder 58
In dieser dunklen Nacht 64
Schläft ein Lied 68
Santa Lucia 72
Schneeflocken 76
Es ist ein Ros' entsprungen 80
Die Schneerose 81
Lea und König Wuff 84
Gustl Löwenmut 92
Elfchen 102
Ich sehe was 109
Macht hoch die Tür 118
Die Menschen machen weite Reisen 124
Das Geschenk 132
Die Weihnachtsgeschichte nach Lucas 138
Ich will das Kindlein wiegen 141
Wenn die Macht der Liebe 155
Wem gehört der Schnee? 158
Was draußen alles geschieht? 167
Rosie und der Riese 171
Straßen und Wege und Orte 178

Wenn einer in den Himmel hinaufsteigt 182
Herr Glück 193
O Mensch, lerne tanzen 197
Die Verwandlung 200
Der Wunderbaum 209
Zirkuszauber 214
Die Weisen aus dem Morgenland 221
Epiphanias 225

KREATIVIDEEN

Scherenschnitt-Schneeflocken 20
Anhänger aus Folienpapier 26
Origami Nikolaus 32
Sterne aus Papier 42
Sterne aus Butterbrottüten 44
Rasseln 48
Freundschaftswichtel schnitzen 54
Geschenkpapier oder -tüten bedrucken 60
Erleuchtete Häusersilhouetten 66
Anhänger aus Nussschalen 70
Bunte Papiervögel 78
Rosenstempel 82
Schutzengel 94
Tannenbaumgirlande 98
Steinengel 112
Engelsflügel 116
Taschenkrippe 128
Pop-up-Karte 136
Geburtstagsgugelhupf aus Eis 142
Weihnachtscracker 148
Friedenskerze 156

REZEPTE

Lebkuchen(haus) backen 16
Weckmann (Stutenkern, Klausenmann …) 39
Luciagebäck 75
Salat 82
Linzer Törtchen 90
Berliner Brot 144
Stockbrot 185
Kinderpunsch 185
Neujahrsbrezel 194
Schokolollies 207
Dreikönigskuchen 226

Fotogramm 164
Futterglocke 168
Schattentheater 176
Silvesterspiele 188
Steckenengel 190
Bongos 198
Samen ausbringen 210
Samentütchen basteln 212
Knallbunte Wollbommel 218
Dreikönigskrone 228
Adventsquiz 230

Hast du eigentlich schon die Lesezeichen auf Seite 239/240 entdeckt? Die kannst du ausschneiden, wenn du magst, und natürlich nicht nur in diesem Buch verwenden.

ANTONIE SCHNEIDER wurde in Mindelheim im Allgäu geboren. Nach Klosterschule und Studium arbeitete sie einige Jahre als Lehrerin an einer Dorfschule und veröffentlichte ihren ersten Gedichtband zusammen mit der koreanischen Künstlerin Martha S.W. Lee. Sie unternahm viele Auslandsreisen. Dann war sie längere Zeit in einem Verlag tätig. Nun lebt sie als freischaffende Autorin im Dreiländereck und arbeitet für ihre Projekte auch mit bildenden Künstlern und Musikern zusammen. Sie hat zahlreiche Kinderbücher veröffentlicht, die in viele Sprachen übersetzt wurden und internationale Anerkennung fanden, darunter auch Lyrik für Kinder. Zuletzt erschien in der Reihe Hanser »Es flattert und singt. Gedichte und mehr und alles für Kinder« (dtv 64073) mit Bildern von Marion Goedelt.

SILKE LEFFLER wurde in Vorarlberg/Österreich geboren. Sie erlebte ihre Kindheit und Jugend in Holland, Österreich, verschiedenen Ländern Afrikas und Süddeutschland. Nach ihrem Abitur machte sie eine Schneiderlehre, studierte Textildesign und arbeitete für ein Designstudio in England. Seit 1996 ist sie freischaffende Textildesignerin für namhafte internationale Firmen in den Bereichen Dekostoffe, Bettwäsche, Teppiche und andere Heimtextilien. Seit 1998 arbeitet sie auch als Illustratorin für Papeterie und Kinderbücher. Mittlerweile sind einige ihrer Bücher im In- und Ausland erschienen und mit Preisen ausgezeichnet.

*Lass dich
überraschen …*

*Engel hinterlassen Spuren
und Menschen auch …*

O Mensch, lerne tanzen,
sonst wissen die Engel im
Himmel mit dir nichts
anzufangen.
Man muss jeden Tag tanzen
und wäre es nur in Gedanken.

Rabbi Nachman